Erre mais!

Preencha a **ficha de cadastro** no final deste livro
e receba gratuitamente informações
sobre os lançamentos e as promoções da Elsevier.

Consulte também nosso catálogo
completo, últimos lançamentos
e serviços exclusivos no site
www.elsevier.com.br

MARCELO MARIACA
com CHANTAL BRISSAC

Erre mais!

65 CONSELHOS DE UM *HEADHUNTER*
PARA TER SUCESSO NO TRABALHO E NA VIDA

© 2010, Elsevier Editora Ltda.

Todos os direitos reservados e protegidos pela Lei nº 9.610, de 19/02/1998.

Nenhuma parte deste livro, sem autorização prévia por escrito da editora, poderá ser reproduzida ou transmitida sejam quais forem os meios empregados: eletrônicos, mecânicos, fotográficos, gravação ou quaisquer outros.

Copidesque: Shirley Lima da Silva Braz
Revisão: Andréa Campos Bivar e Jussara Bivar
Editoração Eletrônica: Estúdio Castellani

Elsevier Editora Ltda.
Conhecimento sem Fronteiras
Rua Sete de Setembro, 111 – 16º andar
20050-006 – Centro – Rio de Janeiro – RJ – Brasil

Rua Quintana, 753 – 8º andar
04569-011 – Brooklin – São Paulo – SP – Brasil

Serviço de Atendimento ao Cliente
0800-0265340
sac@elsevier.com.br

ISBN 978-85-352-3867-9

Nota: Muito zelo e técnica foram empregados na edição desta obra. No entanto, podem ocorrer erros de digitação, impressão ou dúvida conceitual. Em qualquer das hipóteses, solicitamos a comunicação ao nosso Serviço de Atendimento ao Cliente, para que possamos esclarecer ou encaminhar a questão.

Nem a editora nem o autor assumem qualquer responsabilidade por eventuais danos ou perdas a pessoas ou bens, originados do uso desta publicação.

CIP-Brasil. Catalogação-na-fonte
Sindicato Nacional dos Editores de Livros, RJ

M285e   Mariaca, Marcelo
         Erre mais! : 65 conselhos de um headhunter para alcançar o sucesso / Marcelo Mariaca ; com Chantal Brissac. – Rio de Janeiro: Elsevier, 2010.

         ISBN 978-85-352-3867-9

         1. Pessoal - Seleção e admissão. 2. Entrevistas (Seleção de pessoal). 3. Profissões – Desenvolvimento. 4. Liderança. 5. Sucesso. I. Brissac, Chantal. II. Título. III. Título: Sessenta e cinco conselhos de um headhunter para alcançar o sucesso.

10-2996.   CDD: 658.311
                                                                  CDU: 658.311.083

*O sucesso não é para ser perseguido e sim vivenciado –
como consequência de uma série de ações.*

Dedico este livro às pessoas mais importantes (na) minha vida.

Meus filhos

**Miguel Andrés
Carlos Eduardo
Cristina Beatriz
Marcelo Alexandre**

Minha esposa

Joyce Muhr

e os 50 membros da **Mariaca,**
empresa brasileira que fundei há 20 anos

Introdução

De calças compridas

O Brasil é o país que escolhi para viver, para fazer meu ninho – meus quatro filhos foram criados em São Paulo –, para empreender e ser feliz. Aqui montei a Mariaca, empresa especializada em consultoria de carreira; aqui conheci minha mulher, Joyce, por quem sou apaixonado; aqui fiz e faço amigos e é aqui que sonho com um futuro melhor para todos, esperando que as novas gerações possam ter muitas oportunidades de crescimento, como eu tive e ainda tenho.

Nasci na Bolívia e morei nos Estados Unidos desde menino. Quando eu tinha 6 anos, meu pai decidiu que minha mãe e os três filhos mudariam para Troy, Nova York, onde ficava a universidade do meu irmão mais velho, e lá fomos nós. A Bolívia passava por sérias crises sociais e ele preferiu que ficássemos longe dali. Vinha nos visitar com frequência e passava não só o valor imprescindível do trabalho, da dedicação e da perseverança, como também a importância de ser fiel aos próprios sonhos.

Meu pai foi presidente da Patiño Mines, um dos maiores conglomerados industriais das Américas, presidente do Banco Mercantil da Bolívia e diretor de várias empresas. Quando ele se casou com minha mãe, Graciela, ela era 25 anos mais nova que ele. Moça bonita e prendada, como se dizia na época, minha mãe também tinha personalidade forte e sabia fazer valer suas ideias em um período em que as mulheres não podiam ter voz ativa. Caçula de três irmãos, nasci quando meu pai tinha 56 anos. E me lembro com saudade das conversas que travava com ele, do carinho e das palavras que ele tinha para os filhos – sempre valorizando a personalidade e as potencialidades de cada um. Isso me inspirou muito, mais tarde, como pai e também como executivo, chefe e gestor. Aprendi que as pessoas devem ser encorajadas a respeitar sua essência, a cuidar de seus talentos. Essa é uma lição maravilhosa e para toda vida, pois estimula o indivíduo a se conhecer, se gostar e ter garra para tocar sua vida e realizar seus sonhos. Meus pais impulsionaram a autoestima dos filhos e, consequentemente, a vontade de criar, de assumir riscos, de seguir a intuição e o bom-senso para conseguir realização e independência. Para mim, ele era um gigante. Baixinho de altura, assim como eu, mas um gigante de alma, generosidade e valores.

Lembro que, quando estava lá pelos 16, 17 anos, comecei a notar uma coisa muito peculiar: minhas calças ficavam velhas, puídas, manchadas, mas não ficavam curtas. Era a conclusão óbvia de que eu não estava passando, como meus colegas, pelo conhecido processo de estirão. Era baixinho e iria continuar assim. Vivendo nos Estados Unidos, uma nação de altos (e de loiros de olhos azuis), eu também havia lido que as pessoas altas vão muito mais longe na profissão. Naquele dia, eu me recordo como se fosse hoje, disse para mim mesmo: serei um sucesso. Já que não iria mudar o imutável no corpo – as calças que me serviam há anos estavam todas ali, como um registro implacável da minha genética, pela qual só tenho a agradecer –, vou crescer de outro jeito. Refleti que ou faria algo grande com minha vida profissional ou seria infeliz, porque eu tenho um ego enorme.

A descoberta de que queria chegar ao topo veio naquele estalo. Havia entusiasmo e espírito de revanche naquela dedução. Eu não estava chateado porque não crescia; estava feliz por concluir que aquela constatação numérica só iria me ajudar. Na verdade, sempre fui prático e sensato. O que sou, o que tenho em mãos, o que posso fazer, o que realmente quero? Analisei minhas reais possibilidades, conferi minhas pretensões e, naquele momento, tracei um plano de voo. Essas conclusões precoces podem soar engraçadas agora, meio século depois (estou com 65), mas denotam uma coisa muito importante: que, a todo momento, estamos decidindo sobre nosso destino, e que podemos, também a qualquer instante, corrigir nossos passos e refazer nossa trajetória para chegar aonde desejamos.

Quando tive a ideia de escrever este livro, pensei em compartilhar com você um pouco da minha experiência como *headhunter* e sócio de uma das maiores empresas de caça de executivos do mundo. No entanto, mais do que isso: pensei em mostrar que o mundo do trabalho pode ser um universo rico, interessante e prazeroso, e que você deve planejar sua história profissional para ter sucesso e realização. Em geral, as pessoas tendem a ver a carreira como um departamento separado de sua vida, sujeito à boa vontade dos outros, como chefes e superiores, a um tanto de sorte e mais um pouco de esforço pessoal. Mas a equação correta é bem diferente. Ela mistura uma grande dose de planejamento, muito de autoconhecimento (sem saber o que se deseja e aonde se quer chegar, fica difícil realizar o que quer que seja), autoconfiança e obstinação.

No Brasil, vi e vejo ainda muita gente falando de trabalho com uma atitude envergonhada, de quem espera que o outro lhe dê algo (daí a expressão "pedir emprego") e, até por isso, acha que este outro está fazendo um favor ao contratá-lo. Talvez esse comportamento seja fruto da influência da colonização portuguesa, da submissão imposta pelo período escravista, que também fortaleceu outra expressão comum na língua portuguesa e que se refere à consequência natural do trabalho: "Ganhar dinheiro." É o contrário do pensamento americano, que prega que as pessoas busquem trabalho (*to search for a job*) para fazer dinheiro (*to make money*). Essa postura proativa é essencial não só na hora de buscar uma posição, como também na rotina diária, para manter o trabalho e crescer profissionalmente.

Ao longo deste livro, a proatividade aparece em vários capítulos, que versam sobre temas importantes como liderança, relacionamento, demissão, autoimagem, empreendedorismo e aposentadoria, entre outros assuntos relacionados ao universo profissional. Para ajudar na leitura, de uma forma didática e gostosa – acredito que um livro também deve ser proativo e captar sua atenção –, dividi os tópicos em 65 conselhos. Por que 65? É a minha idade hoje, e devo dizer que estou bastante feliz com ela. É uma fase em que me sinto pronto para aprender mais, fazer e contribuir com o bem-estar e a evolução das pessoas. Espero que essa coletânea de orientações possa ajudar você a trabalhar com mais foco, satisfação e entusiasmo. Para crescer na profissão e na vida, tornando-se uma pessoa mais feliz e realizada.

Boa leitura!

Sumário

1	Erre mais!	2
2	Escolha um alvo geográfico	6
3	A ética em primeiro lugar	11
4	Abra o leque	14
5	Use a intuição para fazer seu networking	17
6	Lembre-se do seu "conselho"	23
7	Continue estudando	27
8	Transmita a mensagem certa	29
9	Os mais adaptados vão mais longe	32
10	Divirta-se enquanto trabalha	37
11	Fale inglês – ou fique mudo	40
12	Fale pouco, bem e de forma simples	43
13	Seja dono do seu país	48
14	Arrogância é o fim	52
15	Trabalhe bem em equipe	55
16	Assuma a paternidade de sua carreira	58
17	Goste de ajudar	66
18	Disposição não tem idade	69
19	Aja como dono	72
20	Siga em frente. Não há vagas para estacionar	74
21	Permita-se mudar	77
22	Nunca diga que está "atrás de novos desafios"	80
23	Aprenda a falar de dinheiro	83
24	Seu currículo é o melhor cartão de visitas	86
25	Construa um banco de dados de empresas	89
26	Na era do e-mail, invista em uma boa carta	92
27	A imagem é importante, sim!	96
28	Crie sua marca	100
29	Antes da entrevista, estude o seu interlocutor	104
30	Desemprego é condição temporária	107
31	Seja persistente na busca do emprego	111

32	Desperte o líder que existe em você	114
33	Faça alianças com a chefia	118
34	Valorize seu salário	121
35	Drible os chefes inseguros ou egocêntricos	124
36	Cuidado com o abuso moral	128
37	Se você está descontente, mexa-se	131
38	Acione o programa "Dispersão Zero"	134
39	Cada coisa no seu lugar	138
40	Conheça suas habilidades	141
41	Compartilhe seu conhecimento	144
42	Valorize as mulheres	147
43	Abrace a mudança	150
44	Aprenda com a geração Y	153
45	Antes de abrir um negócio, pense três vezes	156
46	Só monte um negócio se esta for a melhor opção (e não por falta de opção)	163
47	Para abrir um negócio próprio, escreva um *business plan*	166
48	Ao demitir, faça certo	170
49	Controle as finanças e ganhe liberdade	174
50	Deixe o mau humor de lado	178
51	Faça uma autoavaliação	181
52	Não coloque o carro na frente dos bois	185
53	Uma vez por ano, faça um inventário de seus relacionamentos	188
54	Não se iluda com os MBAs	190
55	Vá atrás dos *headhunters*	194
56	O clima da empresa é fundamental	197
57	Planeje sua aposentadoria	200
58	Reforce o seu QE	203
59	Regue a planta da amizade	205
60	Respeite seus limites	208
61	Tire um sabático	211
62	Saiba que tudo, tudo passa	214
63	Tire partido do *coaching*	217
64	Seja dono do seu tempo	220
65	Sucesso é consequência	224

1
Erre mais!

Fui um garoto baixinho, que usava óculos, meio engraçado e um pouco tímido. Essa timidez, no entanto, não atrapalhava minha autoestima. Eu me gostava e andava decidido pelas ruas de Troy, no estado americano de Nova York, onde vivíamos desde que eu tinha 6 anos. De descendência hispânica, sem qualquer traço físico que me aproximasse da tribo "wasp" (branco, anglo-saxônico e protestante), eu levava minha vida sem neuras.

Acho que o que ajudou muito foi o jeitão afetivo, generoso e proativo dos meus pais e dos meus dois irmãos mais velhos. Eles me ouviam e me valorizavam, mas sem proteção excessiva. Deixavam claro que eu tinha de me responsabilizar por minhas escolhas, arcar com as consequências dos próprios atos.

Aprendi, assim, que era importante tentar, se lançar, entrar no jogo – por maior que fosse meu medo de errar. Porque o medo de errar existe, sem dúvida. Várias gerações foram educadas na escola com esse modelo: errou, levou castigo. Na verdade, o erro deve ser corrigido, e não punido. E deve ser estimulado, sim! Porque quanto mais as pessoas errarem (e aprenderem com esses erros), mais estarão se aprimorando, crescendo e se desenvolvendo.

É praticamente impossível chegar ao sucesso sem passar pelo fracasso. E esse pensamento não se resume ao universo corporativo. Observe uma criança que começa a andar. Ela tenta dar um passo, tropeça, levanta, recomeça. Ela cai, se apoia no móvel para levantar, tenta outra vez. Várias vezes. Até caminhar perfeita e naturalmente, sem se lembrar desse aprendizado cheio de erros. Durante toda a vida, seremos convidados a nos lançar, a arriscar, a ousar. Muitas dessas investidas podem dar errado, claro. Mas é importante tentar, errar e aprender.

Sei que não é fácil, porque a primeira palavra que um ser humano ouve em toda e qualquer língua é **não**. Desde cedo, aprendemos que certas ações físicas ou mesmo sociais nos trazem dor, seja por meio de um machucado, seja pela repressão de um ato infeliz diante das pessoas, enquanto outras, como uma fala certa na hora certa, uma piada engraçada ou um desempenho positivo no esporte, trazem recompensa e aplauso. Essa vontade de agradar, acertar e receber aplausos nos acompanha ao longo da vida.

> Ao buscar o prazer pelo acerto, não nos permitimos tentar, errar, viver, acontecer.

A questão é que esse modelo de comportamento pode atrapalhar bastante o crescimento pessoal e profissional. Ao buscar o prazer pelo acerto, não nos permitimos tentar, errar, viver, acontecer. Tudo que possa significar risco (e, convenhamos, as coisas mais interessantes são também as mais desafiadoras, "perigosas" e instigantes) é eliminado. A pessoa não se sente livre para escolher o que, no fundo, mais quer, porque está sempre mergulhada em um caldeirão de preocupações, medos e antecipações do futuro.

Lembro que, desde pequeno, eu quis ser embaixador, diplomata. Tinha aquele sonho extremamente romântico de viajar com todo luxo e viver cercado de pessoas importantes. Imaginava as missões especiais mundo afora e, claro, todo o glamour que envolve a carreira. Nascido na Bolívia, eu não pensava na dificuldade de ser diplomata nesse país historicamente marcado pela corrupção. Meu pai me lembrava desse "detalhe" em muitas conversas, mas sua opinião não me fez desistir. Fui cursar Estudos Internacionais na Universidade de Bradley, em Illinois, e, em 1966, aos 21 anos, consegui um estágio na Embaixada Britânica em La Paz. Como representante de vendas dos produtos ingleses para os importadores bolivianos, eu me tornei um funcionário bem-sucedido, que se dava bem com os colegas e era valorizado pelo alto escalão. Mas, depois de um tempo – um ano –, a ficha caiu. Eu não era inglês para vestir a camisa da Embaixada Britânica nem queria trabalhar na Bolívia, onde o exercício da diplomacia era, sem dúvida, uma utopia. Deixei o emprego e voltei para os Estados Unidos a fim de estudar. Entrei na Bowling Green State University, uma das melhores escolas de Administração e Negócios do estado de Ohio.

Para mim, ficou evidente que aquela vivência na diplomacia, mesmo curta, foi importante para nortear uma série de coisas na minha vida. Ganhei mais segurança para transitar em ambientes formais e para me relacionar com vários tipos de pessoas. Mas a vantagem maior dessa história, e que eu compreendi aos 22 anos, quando deixei a Embaixada Britânica na Bolívia, foi perceber que sou livre e responsável para fazer escolhas e que essas decisões devem agradar primeira e principalmente a mim mesmo. E que toda escolha tem seu ônus. Por isso mesmo, ela é tão sedutora e irresistível: a escolha traz o erro dentro de si, ela não é garantida. Mas essa é a graça da vida.

Não há aprendizado sem o processo de tentativa e erro, tampouco existe vitória sem idas e vindas, tropeços ou quedas. Basta observar a história de líderes e empresários famosos para constatar quanto ousaram, tentaram, erraram, mudaram e persistiram. Com a ciência, acontece o mesmo: vários erros são necessários até que se chegue à fórmula correta. Com o mercado, também. Vários produtos são feitos e lançados até que um apenas faça sucesso. Mais importante do que acertar ou não acertar é estar permanentemente antenado para aprender com as vitórias e as derrotas. E seguir em frente.

A pessoa medrosa se envolve em tanta ansiedade que muitas vezes trava. Não age. Fica pensando o tempo todo nos possíveis problemas e não parte para a ação. É o profissional que não aceita a promoção que envolve uma mudança de cidade, por "achar que não vai se adaptar", ou o líder que, mesmo com ideias para melhorar a vida da empresa e dos funcionários, prefere ficar em silêncio, porque tem medo de arriscar e perder o emprego.

Uma das táticas de artes marciais como o caratê e o aikidô é o grito, o berro. Os guerreiros gritam quando atacam, com a intenção de passar medo para os adversários, desconcentrá-los e também polarizar a energia do golpe. Portanto, uma das primeiras lições que devemos aprender é usar o medo a seu favor. E como fazer isso? Não negando esse sentimento nem amplificando-o, o que irá transformá-lo em pânico. Um bom exercício é respirar fundo e se lançar. Ousar, arriscar e fazer. E isso só acontece quando você se permite errar.

2
Escolha um alvo geográfico

Escolher o alvo é imprescindível para estabelecer um bom plano de carreira. Aliás, acho que é o primeiro ponto a ser resolvido no planejamento profissional. Em que lugar quero morar, em que cidade desejo viver e formar minha família? Eu me perguntei isso quando ainda era bastante jovem, aos 24 anos. Funcionário do Citibank, recém-casado, fui convocado a trabalhar um período no Brasil e me apaixonei por este país. Vi que ele me agradava em muitos aspectos. Não era como a Bolívia, meu país natal. Nem como os Estados Unidos, onde passei um longo período da minha vida – dos 6 aos 24 anos –, mas onde não havia liga, empatia, identificação.

Depois dessa fase, ainda trabalhei uma segunda vez em São Paulo, pelo Harris Bank. Quando voltei para os Estados Unidos, tive a certeza de que o Brasil era o país onde eu queria morar com minha família. Isso estava tão claro que, em 1977, aos 32 anos, eu me muni de coragem, organização, senso prático e paciência e comecei a fazer uma seleção de empresas nas quais poderia trabalhar – e que tinham negócios com o Brasil. Escrevi e enviei três mil cartas pelo correio.

Hoje, quando se vive em plena era da comunicação instantânea – com internet, e-mail, BlackBerry e companhia –, você consegue voltar no tempo e imaginar o que é escrever três mil cartas pré-datadas para conseguir o emprego dos seus sonhos? Pois eu fiz isso. E olhe que curioso: essa já era a semente do *outplacement*, embora naquela época, em meados dos anos 1970, pouca gente falasse nisso. Também não havia empresas especializadas em recolocação de executivos. Instintivamente, e com a ajuda de um livro que li na época, fiz meu *outplacement* natural. Lembro que o livro sugeria fazer uma lista de empresas com base no alvo geográfico e enviar cartas personalizadas aos presidentes das empresas, todas ao mesmo tempo. Segui à risca a sugestão e me debrucei sobre esse mundo de papéis durante um ano!

No processo, descobri que, para que a empreitada desse certo, com a conquista de uma posição executiva, o que eu almejava, tinha de enviar a correspondência ao principal executivo da empresa. E que esse CEO estava mais propenso a estar sentado à sua mesa, em sua sala, em janeiro do que em julho (mês de férias escolares nos Estados Unidos) e que as quartas-feiras eram os dias ideais para que ele recebesse, com disposição, minha missiva. Em geral, nas sextas, os executivos se mandam com a família para viagens curtas ou visitam clientes, esticando até segunda.

> Essa história de plano geográfico não é fria, calculista – é resultado de algo que toca o coração.

Depois de localizar e classificar todas as empresas com as quais queria trabalhar, escrevi uma carta muito bonita, contratei alguém para me ajudar a datilografar as cópias, assinei-as e, em um domingo à noite – era o dia 19 de janeiro de 1971 –, fui até o correio central de Chicago, registrei uma a uma e as despachei. Em três meses, eu havia recebido 500 respostas vazias e uma centena de respostas interessadas – e isso levou a 15 ofertas muito boas, uma delas da empresa Black & Decker. Em uma noite de muita neve em Chicago, negociei com o executivo da Black & Decker o posto de presidente da empresa no Brasil. Tinha 32 anos e estava feliz por ter conseguido um cargo importante e poder voltar ao país no qual morara três anos antes, quando fui (também o mais jovem) vice-presidente do Harris Bank no país.

A primeira vez em que vim ao Brasil, pelo Citibank, era recém-casado. Na segunda, tinha o primogênito e, na terceira, vim com dois filhos. Mas meu nível de planejamento incluía mais dois rebentos. Sempre sonhei com quatro filhos – dois meninos e duas meninas. Também queria que eles fossem brasileiros. O resultado é que um nasceu nos Estados Unidos e três nasceram no Brasil. Recebi a bênção de ser pai desse quarteto maravilhoso: três meninos e uma menina. E a curiosidade é que todos nasceram com quatro anos e quatro dias de diferença um do outro. Todos no mês de fevereiro, exceto o último, Marcelo, que nasceu em 24 de dezembro e fugiu a esse padrão.

Essa história de plano geográfico não é fria, calculista – é resultado de algo que toca o coração. Não adianta planejarmos morar na Noruega porque soubemos que lá tem a melhor qualidade de vida do mundo. E só. Alguma coisa ali tem de emocionar você. Ou porque você conheceu esse país, ou alguém de lá. Embora essa escolha tenha de ser objetiva, ela passa por um território bastante subjetivo, entende?

Lembro a primeira vez em que visitei o Brasil. Vim com a equipe do Citibank, em 1970, aos 24 anos. Achei o lugar mais lindo do mundo, fiquei louco, fascinado. Desde esse dia, pautei e organizei minha vida para vir morar no Brasil, ter filhos brasileiros e fazer minha história aqui. Sinto que houve afinidade instantânea entre mim e o Brasil. Logo quis me naturalizar e acertar tudo. Antes da nova lei dos estrangeiros, eu ainda tive de aguardar mais um ano para que a embaixada brasileira na Bolívia fizesse uma pesquisa sobre mim. Quando finalmente estava pronto, ainda esperei mais dois meses. Mas fui um dos primeiros a me naturalizar, em 1983.

Outro plano que fiz foi morar em São Paulo, especificamente no bairro de Alto de Pinheiros, onde vivi na primeira vez que vim ao Brasil. Também queria que meus filhos cursassem o Colégio Santa Cruz, onde estudaram durante alguns anos. Só depois é que mudaram para o Chapel, escola americana, porque eu e minha primeira mulher, nascida nos Estados Unidos, achávamos essencial que falassem inglês fluentemente.

Uma coisa que digo a meus assessorados: seu plano estratégico de carreira – e é importante que ele seja feito – pode ser muito arrojado, mas tem de ser coerente. Meu filho, Carlos, que tem seu MBA e é palestrante no Brasil e nos Estados Unidos, costuma dizer brincando que, se você planeja morar nos Estados Unidos, a primeira coisa que deve fazer é escolher seu desastre natural. Se quiser tremor, rume para a Califórnia; se preferir tornado, vá para o sul do país; se o alvo é furacão, que tal o leste americano? Brincadeiras à parte – e essa, infelizmente, aponta para uma verdade difícil: as mudanças climáticas decorrentes do aquecimento global vão produzir cada vez mais desastres naturais, no mundo todo – o importante é ser sensato nessa escolha. Se você tem dificuldade para aprender idiomas, será que é o caso de escolher a China, onde o mandarim (aliás, língua nativa mais falada do mundo) prevalece? Se não gosta do frio, por que eleger como alvo um país como o Canadá, onde as temperaturas chegam a 50 graus negativos?

A carreira precisa ter um objetivo geográfico que pode ser o mundo inteiro, toda a Ásia, ou apenas um estado de um país. Pode ser amplo ou pequeno, mas precisa ter um objetivo. Desde que eu pus os pés aqui, achava que meu lugar seria São Paulo. Essa locomotiva que é a cidade, uma metrópole que não para, agitada, me atraiu desde o início. Depois de ter morado no bairro de Alto de Pinheiros, decidi mudar para a região dos Jardins, onde estou até hoje. Todas essas mudanças foram pensadas e planejadas, e, como qualquer outra ação importante na vida, precisam contribuir para o bem-estar de todos os envolvidos, de toda a família. Por isso é tão essencial escolher um alvo geográfico e se debruçar nele, pesquisando as melhores oportunidades de trabalho naquele lugar e buscando nesse mapa as empresas mais indicadas para você trabalhar. Porque, afinal de contas, quem escolhe o que, onde, como, quando e por que trabalhar é só você.

3
A ética em primeiro lugar

Quem nunca se sentiu atraído pela possibilidade de assumir a posição hierárquica mais alta de uma empresa? A sedução é tanta que a empresa americana Lee Hecht Harrison, parceira da Mariaca, realizou há alguns anos uma pesquisa com a sugestiva pergunta: *"Qual a posição mais alta que você deseja atingir em sua carreira?"* Os resultados não deixaram dúvida quanto às altas expectativas dos entrevistados: 22% almejam o cargo de vice-presidente ou de diretor de departamento ou divisão; 22%, o de vice-presidente sênior ou vice-presidente executivo; 12%, o de presidente, diretor financeiro (CFO) ou diretor de tecnologia (CIO), enquanto 44% estariam satisfeitos em estar à frente de posições gerenciais.

No Brasil, a situação não é diferente. Para muitos, o sucesso profissional costuma ser medido pela posição que ocupam nas empresas, mesmo quando se sabe que a pessoa bem-sucedida não é necessariamente aquela que está no topo da pirâmide. Ter ética, autoestima, iniciativa, vontade de vencer, visão de mundo, boa formação pessoal e profissional, habilidade para se relacionar... Essas características falam mais do que é uma pessoa de sucesso nos dias de hoje.

A ética está no topo da lista. Nada é mais gratificante do que obter sucesso graças à fama de ser um profissional ético, justo e capacitado. E esse valor não é apenas essencial no decorrer da carreira, em qualquer posto de trabalho, mas também muito antes da largada, na hora de procurar emprego. A prática de mentir no currículo é, infelizmente, bastante comum, tanto no Brasil como no exterior. Na Inglaterra, a seguradora inglesa Control Risks Group acompanhou 10 mil programas de seleção e concluiu que 34% dos candidatos mentiram no histórico profissional, enquanto 32% forjaram dados acadêmicos. De acordo com a pesquisa, 20% dos candidatos buscavam uma posição sênior, e 40%, um cargo executivo.

> **Nada é mais gratificante do que obter sucesso graças à fama de ser um profissional ético, justo e capacitado.**

A mentira pode passar despercebida na primeira etapa de seleção, quando os currículos mais adequados são escolhidos, mas não passará em branco em um estágio mais avançado do processo. Qualquer empresa que tem uma metodologia séria e eficiente de recrutamento checará as informações do currículo. Obter referências, tanto pessoais quanto profissionais, é uma prática comum nas corporações.

Quem garante ter inglês fluente, por exemplo, deve estar preparado para ser testado em qualquer momento do processo de seleção. Além do constrangimento de ser flagrado mentindo, o candidato que inventa lorotas, por menores que sejam, corre o risco de ver sua imagem profissional detonada. Depois, as habilidades e experiências divulgadas no currículo e requisitadas pela empresa serão cobradas nos projetos que o profissional terá de desenvolver. Ou seja, na hora do tudo ou nada, é bem provável que ele deixe a desejar.

Por isso, é fundamental adotar comportamentos universalmente éticos. Saber manter a confidencialidade das informações referentes à empresa em que você trabalha e aos negócios nos quais ela está envolvida é função de todo profissional. A mesma discrição deve ser levada a sério em relacionamentos com colegas de trabalho. Poder contar com os amigos na empresa é bom, mas nunca é demais medir as palavras e ficar distante das fofocas. Vale lembrar ainda que o sucesso profissional não deve ser obtido à custa de armações que possam prejudicar os colegas. As empresas valorizam quem está comprometido com o próprio trabalho – e não quem perde tempo com intrigas.

A maneira como cada empresa lida com a ética pode mudar e, para que o profissional não se sinta perdido, é comum a existência de códigos de ética. Neles, as corporações dissertam sobre o que consideram uma conduta correta por parte dos funcionários. Esses manuais ficam à disposição de todos os colaboradores – ao lê-los, você conhece melhor os valores do lugar onde está trabalhando e evita comportamentos que possam prejudicar sua carreira.

4
Abra o leque

Expandir as oportunidades de carreira depende da maneira como as profissões são vistas. Muitas pessoas ainda focam sua busca de emprego em nichos de mercado concorridos ou até mesmo saturados. Imagine um graduado em jornalismo que procura apenas trabalho em redações de jornais ou revistas. Ele está deixando de lado um enorme universo, no qual se situam, por exemplo, as empresas de comunicação empresarial, a internet, os departamentos de comunicação das empresas, entre várias outras oportunidades.

Assim como um jornalista, outros profissionais devem reconhecer que, em suas áreas de atuação, há inúmeras possibilidades de funções. Mas, para isso, é preciso analisar o mercado. Há pouco tempo, um advogado enveredava para a área civil, criminal ou trabalhista; hoje, há um bom mercado em áreas como meio ambiente, comércio eletrônico e alianças internacionais.

O meio ambiente, aliás, é um nicho importantíssimo e vital, não só porque vivemos em plena era do aquecimento global, e políticas e ações são cada vez mais urgentes, como também porque esse tema se relaciona às mais variadas áreas do conhecimento. É possível trabalhar com meio ambiente na educação, na comunicação, na engenharia, na economia (a chamada ecoeconomia já

Com ou sem crise, as empresas estão sempre interessadas em contratar e manter pessoas talentosas em seus quadros.

---

se faz sentir), na arquitetura (com construções sustentáveis), no urbanismo (São Paulo que o diga – é supernecessária essa visão para evitar enchentes e outros problemas decorrentes de impermeabilização e devastação do verde) e em várias outras áreas.

Com ou sem crise, as empresas estão sempre interessadas em contratar e manter pessoas talentosas em seus quadros. Cabe ao profissional a missão de saber o que e onde procurar. Por isso é importante abrir o leque de oportunidades que sua formação proporciona.

5
Use a intuição para fazer seu networking

Todo mundo sabe fazer networking. Não é preciso nem mesmo pertencer ao mundo corporativo. Você, por exemplo, certamente tem sua rede de amigos, com quem sai nos fins de semana, telefona para desabafar, viaja no réveillon, convida para as festas de aniversário. Esses seus amigos têm outros amigos com quem compartilham informações. A maioria de nós faz networking regularmente, embora muitas vezes sem ter consciência disso. Os pais, por exemplo, falam com frequência com amigos e conhecidos sobre seus filhos. Ao fazer isso, obtêm informações sobre disciplina, escolas, comportamento e todo tipo de dados relacionados à educação de seus filhos. De maneira semelhante, tenistas podem trocar informações com outros tenistas sobre quadras de tênis, cursos, as melhores raquetes; enquanto donos de cachorros se encontram no parque com seus cães e compartilham experiências e dúvidas sobre seus filhotes. O networking profissional funciona da mesma forma. Uma pequena rede de contatos, que é o que a palavra em inglês significa, quando bem articulada, pode dobrar de tamanho. Uma pessoa que tem uma necessidade conecta-se a outra pessoa, que tem um recurso, e assim começa o networking. E essa rede é muito importante: no mundo todo, a maioria dos empregos muda de dono simplesmente por meio de conversas informais entre as pessoas.

Se depois de adulto você é "dono de seu nariz", responsável por sua vida amorosa e familiar, e ainda precisa dar conta de suas obrigações como cidadão, deve ser também capaz de gerir a própria carreira e batalhar para conquistar cargos e salários melhores. Ainda há, nos dias de hoje, quem fique esperando que "alguém" – o chefe direto, o gerente do departamento ou até mesmo um ou mais diretores – dê aquele empurrãozinho que faltava. Nada mais irreal. O sucesso depende, não diria exclusivamente, mas 90% das vezes, de você. De seu empenho e talento, de sua capacidade de realizar bem as tarefas, de ser criativo e dar sugestões para que os processos dentro das empresas sejam cada vez mais eficientes. Tudo bem, você pode preencher todos esses requisitos e, mesmo assim, não ter aquela promoção tão desejada. Quer mudar de posição no organograma, mas esqueceu um detalhe: a comunicação. Descuidou dela. Não investiu parte de seu tempo – mínima que fosse – em conversar com colegas de outros departamentos, em circular em rodinhas de pessoas que não aquelas de sempre, em manter contato com profissionais de outras empresas. O tal do networking.

Há um mito de que o networking é tão valioso que qualquer relacionamento deve ser estimulado. Isso é uma grande ficção. Ninguém pode ter tantos relacionamentos e não se pode esperar deles grandes coisas. Acredito que é preciso seguir a intuição no networking. Já houve vezes em que me preparei para falar algo sobre minha carreira e minhas ideias com alguém, mas, na hora H, declinei. Vi que não seria a melhor hora, ou que a pessoa se mostrava indisponível. Não devemos forçar um contato com alguém, tampouco uma intimidade que não existe. Mas, ao mesmo tempo, vamos viver experiências em que tudo parece colaborar para um vínculo de amizade, por mais estranha que a situação possa parecer. Já aconteceu com você? Comigo já, diversas vezes. Se não fosse assim, como explicar os laços que formamos com pessoas que conhecemos nas situações mais curiosas e inexplicáveis? Ou as histórias que parecem coincidências? Isso mostra que existe algo não palpável – e não programável – que rege nossa vida.

Um erro comum é tentar uma recolocação por meio de alguém com quem você não tem interesses em comum. E aqui não relaciono interesses profissionais tão somente – eles podem ser de qualquer natureza, religioso, esportivo, acadêmico. Às vezes, um companheiro de corrida tende a ser uma fonte mais eficiente na hora de encontrar um novo emprego do que uma agência. Se essa pessoa tem algum vínculo afetivo com você, tende a se importar com sua história.

A intuição também é importante na hora de abordar alguém para falar de você e de sua busca por um novo emprego. De nada adianta encontrar ex-colegas ou conhecidos e ir logo perguntando sobre a disponibilidade de uma vaga na atual empresa em que trabalham. Eles podem não saber ao certo sobre possibilidades de emprego e acabarem se intimidando com a pergunta. A conversa, então, em vez de deslanchar, estanca. Murcha. O importante em um encontro entre profissionais que, em geral, não são amigos íntimos é manter a cordialidade, trocar informações. Se o bate-papo for animado e produtivo para ambos os lados, há chance de o colega se lembrar de você quando souber de um posto vago de trabalho. A pessoa que quer se vender a todo instante, inadvertidamente, peca pelo excesso e põe tudo a perder. O networking precisa ser feito com dignidade e espontaneidade.

> **O sucesso depende, não diria exclusivamente, mas 90% das vezes, de você.**

O mercado de trabalho pode ser dividido em duas categorias: a formal – em que cargos são divulgados em jornais e sites ou pesquisados por *headhunters* – e a informal – na qual estão incluídos os empregos não divulgados, o chamado "mercado escondido". Funciona assim: alguém de determinada empresa indica um amigo ou conhecido para aquele cargo que não foi anunciado em nenhum veículo. A cadeira muda de dono porque aquelas conversas informais – o networking – entraram em ação. Pelo menos foi isso que detectou um professor da Harvard University e o Ministério do Trabalho dos Estados Unidos. E aqui no Brasil o cenário não é muito diferente: 52% dos executivos se recolocam por meio desse mercado informal; apenas 13% obtêm emprego por intermédio de *headhunters*. Outros 25% conseguem a vaga por causa da troca de informações entre empresas e 10% são contratados devido a anúncios na mídia. A melhor maneira de ter acesso a esse amplo mercado escondido, portanto, é falar informalmente com as pessoas. A mensagem principal tanto desse estudo da Harvard quanto de nossa experiência aqui na Mariaca – com base em anos de experiência com milhares de clientes bem-sucedidos – é que a maioria dos empregos muda de mãos simplesmente por meio de conexões informais entre as pessoas.

Mas nesse universo é preciso usar, além da intuição, algumas regras. Ao empregar networking na busca de um trabalho, você poderá contar com algumas técnicas, como vai ver a seguir:

- **Divulgue-se sempre que puder (e sentir que é o momento)**
  Quanto mais pessoas souberem que você é qualificado e está disponível, maiores serão as chances de que essa informação chegue à pessoa certa na hora certa. Aprenda a falar de si mesmo de forma clara e objetiva, sem muitos rodeios.

- **Saiba mais sobre seu mercado-alvo**
  A busca de informações sobre seu mercado-alvo irá facilitar a conquista do trabalho de seus sonhos. Com esses dados, você pode selecionar empresas que se enquadram melhor no seu perfil e preencham suas expectativas, além de conhecer mais sobre a cultura de cada organização, as práticas de contratação, o método de trabalho, os níveis de remuneração, entre outros assuntos importantes. O ideal é que você faça uma lista com seus 200 prováveis empregadores, empresas nas quais gostaria de trabalhar, e tenha informações básicas sobre seus 10 alvos mais importantes.

- **Deixe claro seus objetivos e o mercado desejado**
  O fato de que você precisa de um emprego é apenas secundário. Que emprego? Em que tipo de empresa? Você concorda que é difícil ajudar alguém sem essas informações básicas? Por isso, deixe claro, desde o início, o que quer fazer, em que tipo de empresa pretende trabalhar e quais são suas qualificações. Em outras palavras, esclareça o cargo pretendido, o mercado em que pretende atuar e seu perfil (em que áreas você tem mais tarimba para trabalhar, quantos e quais idiomas fala, em quais empresas trabalhou e quais foram seus melhores resultados).

- **Seja afirmativo ao falar de si mesmo**
Encontre um jeito de transmitir a parte essencial de sua mensagem de forma breve e assertiva. Isso costuma funcionar. Por exemplo: "Tenho 10 anos de experiência jurídica e atuei como líder de equipe em uma empresa nacional." Ao falar de si mesmo, mantenha a postura ereta e o semblante positivo. Muita gente acredita que vender a própria carreira é desagradável, e esse sentimento de menos-valia acaba entrando junto no "pacote" de venda. O resultado costuma ser péssimo. Elimine esse preconceito e aprenda a se divulgar com brilho nos olhos e simpatia, sem culpa ou vergonha. É o medo de se vender e de se expor – e de correr o risco de ser excluído – que cria constrangimento no networking. O candidato não consegue falar de si mesmo com naturalidade e imagina que o outro é que tem o dever de "ajudar" (porque é mais relacionado ou porque está bem empregado). Cria-se um mal-entendido, a chamada saia-justa.

- **Não desperdice a oportunidade de ter boas recomendações**
Uma pessoa estará mais disposta a recebê-lo para uma entrevista se você tiver sido recomendado por um conhecido comum. Se isso acontecer, comemore, já que a recomendação (ou indicação) é parte importante do processo de networking e costuma aumentar a chance de sucesso de contratação.

6
Lembre-se do seu "conselho"

Durante os anos 1970 e 1980, sempre tive as fotos dos meus quatro filhos na parede da minha sala, no trabalho. As pessoas às vezes paravam, perguntavam sobre os nomes, as idades – eu olhava aqueles rostos, todos bonitinhos (nas fotografias que a escola Chapel tirava todos os anos) –, e pensava: esse é o meu conselho. Para mim, não havia dúvida de que minha carreira era deles. E por isso eu não podia arriscar o plano que acalentava para minha família. Quando digo "não arriscar", não significa que eu não possa tentar coisas diferentes ou ousar – eu faço isso o tempo todo enquanto trabalho, pensando em novas ideias, novas oportunidades –, mas sim que não posso arriscar o plano/sonho que acalento de fazer sucesso para poder ajudar aquelas pessoas tão queridas à minha volta.

Eu jantava com esse "meu conselho" todas as noites. Eram os quatro, a mãe deles – com quem fui casado durante 22 anos – e nosso gato. Era a esse time que eu me reportava. Há 15 anos eu me casei pela segunda vez, com a Joyce, uma mulher maravilhosa, que também é muito amiga dos meus filhos. Hoje, três deles moram nos Estados Unidos (onde também vive a mãe), mas vêm sempre ao Brasil nos visitar. E meu conselho aumentou: tenho uma neta, Carina, de 6 anos.

Inúmeras pesquisas internacionais mostram hoje a importância da boa relação entre dois componentes (que antes pareciam condenados a viver separados): sucesso profissional e vida familiar. É difícil o primeiro acontecer se o outro não estiver bem. Por mais difícil que seja conciliar esses dois lados – especialmente para as mulheres, que ficam com a carga mais pesada na rotina de cuidados com os filhos –, sabe-se que um não existe sem o outro. Eu mesmo me cansei de ver executivos ultraqualificados que não deslanchavam na carreira porque eram frustrados com a vida pessoal e familiar.

Para a pessoa ser feliz, deve primeiro decidir ser feliz – e isso passa por vários fatores da vida. É importante que ela esteja bem consigo, com a família, com os amigos, com a saúde, com seus projetos futuros... Sim, é essencial fazer planos e alimentar os sonhos. Eles são o combustível para seguir em frente. O "conselho familiar" também é imprescindível para assegurar tranquilidade na rotina do profissional. O chamado *burnout*, termo que designa o estágio mais avançado do estresse, é causado especialmente quando a pessoa trabalha de forma excessiva e abre mão das horas dedicadas à família e ao lazer.

Você sabia que o profissional brasileiro está literalmente no limite? Na lista dos países em que mais acontece o *burnout*, ele aparece apenas atrás do Japão, em (um nada honroso, diga-se de passagem) segundo lugar. O estudo recente foi conduzido pela Associação Internacional de Gerenciamento do Estresse e realizado em oito países – no Brasil, cerca de 30% dos trabalhadores vivem em estado de exaustão física e mental. No calor da hora, entre uma corrida esbaforida para chegar ao cliente e uma madrugada para dar conta de um trabalho acumulado, a pessoa pode até achar que as coisas estão indo bem, e que trabalhar é isso mesmo: pressão, pressão e mais pressão. Só que esse esforço descomunal para cumprir toda a agenda começa a mostrar alguns sinais ao longo do tempo. São os estragos físicos e emocionais, que aparecem aqui e ali, sob a forma de dores de cabeça, mal-estares, ansiedade, gastrites, alergias, insônia e depressão. Quando esse quadro aparece, fica mais difícil revertê-lo. Portanto, vale a pena valorizar mais a vida familiar e pessoal.

Uma das melhores ferramentas para minimizar o estresse é o gerenciamento do tempo, que não é mero modismo. Ao definir prioridades, diferenciando o que é urgente do que é apenas importante, o profissional consegue organizar todas as tarefas que devem ser concluídas nos períodos de curto, médio e longo prazos. Dessa forma, o tempo administrado permite espaços para a convivência com a família, para os cuidados com a saúde, para o lazer, para o lado espiritual. Ao se presentear com atividades extraprofissionais que lhe trazem prazer, você ganha ânimo, energia, vitalidade – e, como consequência, fica mais produtivo. Isso é bom para a empresa em que você trabalha e melhor ainda para você.

Felizmente, as organizações estão acordando para a importância que é investir nas pessoas como um todo, com programas de qualidade de vida e saúde. Elas aprenderam que capital humano feliz é capital humano produtivo. E essa felicidade não tem mistério nem receita pronta: cada um vai encontrar seu jeito de viver. Mas é importante frisar: ele sempre passa pelo equilíbrio de nossas várias facetas da vida. Portanto, tire algumas horas para ficar com seu "conselho". Pode ser um programa simples como caminhar no parque e tomar um sorvete ou uma pequena viagem de fim de semana. O essencial é conviver com as pessoas que, mesmo silenciosamente, estão torcendo sempre por você.

> **Ao se presentear com atividades extraprofissionais que lhe trazem prazer, você ganha ânimo, energia, vitalidade – e, como conseqüência, fica mais produtivo.**

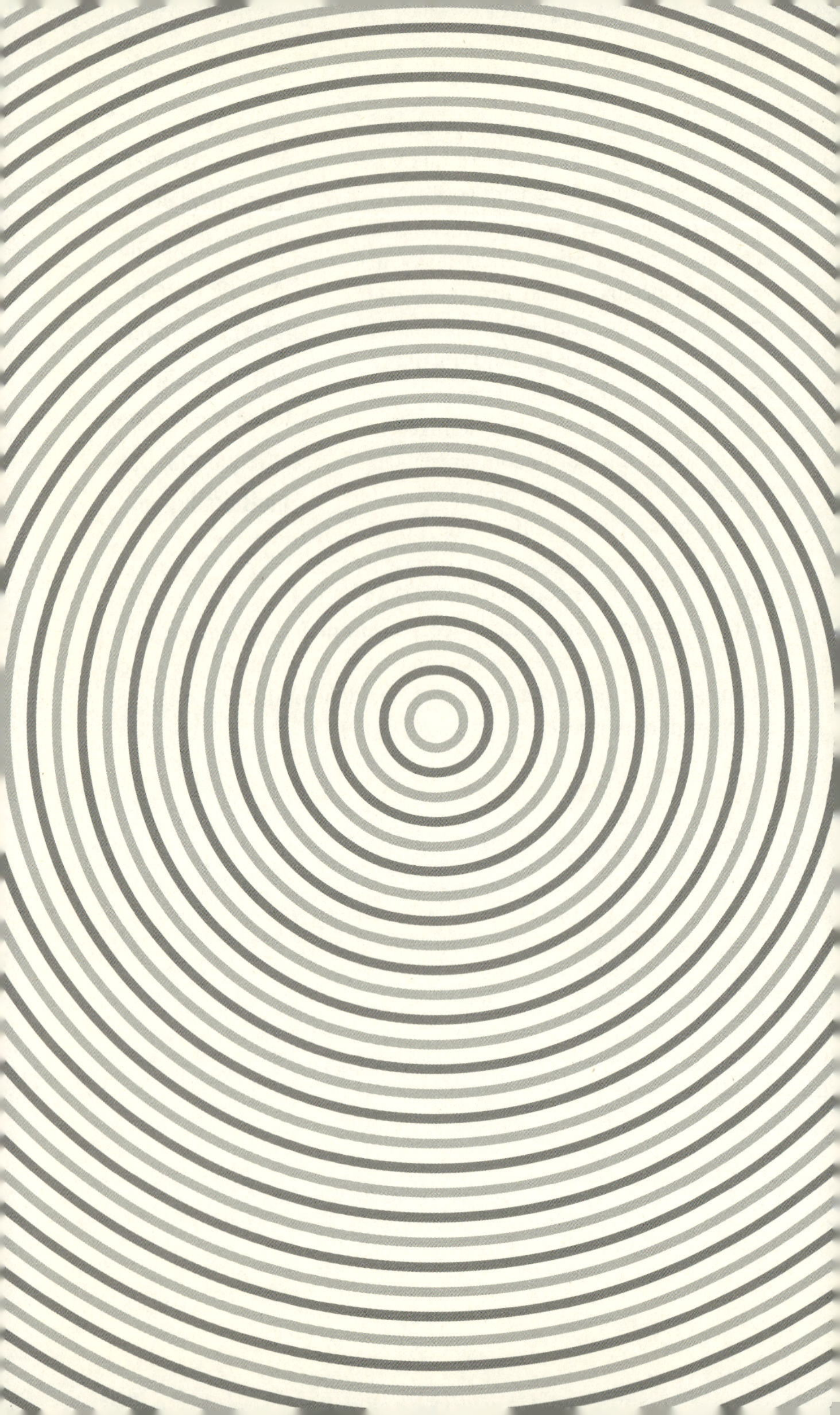

7
Continue estudando

Ao começar a carreira, é normal que o jovem sinta medo. Será que vou conseguir um emprego? Será que vou ganhar bem? Afinal, esse momento representa a possibilidade de independência econômica num mundo pouco conhecido. E isso assusta. O primeiro conselho é: continue estudando enquanto puder, procure não parar. A maioria dos jovens não consegue reiniciar seus estudos após um lapso de meses ou anos.

Cursos de pós-graduação, de atualização ou especialização são muito necessários entre os profissionais modernos, de qualquer área e atuação. As salas de aula dos colégios e universidades do primeiro mundo estão lotadas, à noite, de pessoas de cabelos brancos.

Não se considere "formado" até ter desenvolvido duas competências vitais: total intimidade com microinformática e bom domínio do inglês. E também é importante não se esquecer de criar uma boa trajetória de empregos e de experiências. Todas as atividades de trabalho, após os 20 anos, farão parte de sua "folha corrida" profissional pelo resto da vida. Portanto, não inicie experiências que não o levem em direção à carreira que você quer criar. E não fique um, dois ou três anos perdendo tempo, fazendo bicos sem futuro.

Obviamente, um estágio em uma cobiçada multinacional é um ótimo início, mas um número muito limitado de jovens tem acesso a esses programas para trainees que as grandes corporações oferecem. Assim, uma ótima carreira pode ser iniciada em empresas médias ou pequenas – onde você poderá ser mais valorizado ou crescer mais rapidamente, com maior responsabilidade.

> **Todas as atividades de trabalho, após os 20 anos, farão parte de sua "folha corrida" profissional pelo resto da vida.**

8
Transmita a mensagem certa

Quando você está à procura de uma nova posição no mercado de trabalho, deve agir como no lançamento de um produto, em que precisa contar com a divulgação. Quanto mais pessoas souberem que você é qualificado e está disponível, melhores serão as chances de que a informação chegue à pessoa certa na hora certa. Seu objetivo, seu posicionamento e seu mercado-alvo também precisam ficar claros para as pessoas contatadas. Caso contrário, fica difícil ajudá-lo, mesmo que elas desejem. Portanto, pessoas que podem efetivamente ajudá-lo precisam saber:

- quais são suas qualificações – em que áreas você tem mais tarimba para trabalhar, quantos e quais idiomas fala, em quais empresas trabalhou e quais foram seus melhores resultados;
- qual é seu objetivo profissional – o cargo e o salário pretendidos, o tipo de emprego que procura;
- qual é o mercado no qual prefere atuar – você pode fazer uma lista com seus 50 prováveis empregadores, empresas nas quais gostaria de trabalhar, e deve ter informações básicas sobre seus 10 alvos mais importantes.

Não passe a ideia de desespero ou menos-valia. Se estiver num mau dia, meio para baixo, é melhor não acionar a rede. A maioria das pessoas não

> **Quanto mais pessoas souberem que você é qualificado e está disponível, melhores serão as chances de que a informação chegue à pessoa certa na hora certa.**

quer ouvir lamúrias ou reclamações, que só reforçam a imagem de "coitadinho". E ninguém contrata ou aposta em um coitado, que está desesperado para arranjar emprego. Os gestores querem pessoas entusiasmadas, para cima, que entrem para resolver problemas, e não para criá-los. Transmitir a mensagem certa é falar de si próprio com convicção e positivismo, e também de forma breve.

9
Os mais adaptados vão mais longe

Inúmeros especialistas em carreiras, como o renomado escritor e consultor Tom Peters, preveem que o emprego em escritórios, aquele que os americanos chamam de emprego do colarinho-branco, é um bicho em franca extinção e deverá desaparecer nos próximos anos, pelo menos da forma como está configurado hoje. Em seu lugar, haverá duas novidades: uma nova relação empregatícia e também uma maneira de trabalhar totalmente diferente daquela que conhecemos desde o começo do século XIX.

Essas novidades não representam mudanças tão radicais como podem aparentar. Basta lembrar que há 100 anos as mensagens ainda eram escritas à mão e transportadas por mensageiros; a escrita era penosamente lenta; as fórmulas e anotações jaziam em enormes livros ou caixas e, em geral, tanto a relação patrão-empregado como a maneira de trabalhar (pelo menos no tocante às funções de escritório) não haviam mudado muito desde que foi inventada a impressora em 1454, no final da Idade Média.

Durante o século XX, o mundo passou por uma revolução administrativa, com o surgimento do modelo de emprego remunerado por empresas, bancos e órgãos do Estado. Tivemos galopantes melhorias nas ferramentas de comunicação e no processamento de informações, com a popularização do telefone e das máquinas de escrever e calcular, com o advento das copiadoras e de microfilmadoras e a comunicação por telex, fax, telefonia por satélite e – no finalzinho do século – microcomputadores ligados à internet.

Hoje, a própria relação empregatícia está migrando para um "contrato" menos estável e pouco previsível. O mundo vem vivenciando fusões e aquisições que somam mais de trilhões de dólares.

Sabemos que qualquer empresa, por maior e mais poderosa que seja, pode ser comprada, vendida, passar por uma fusão, ser reestruturada, encolher ou, literalmente, sumir. Outro sinal dos novos tempos é que o trabalho temporário cresceu de forma vertiginosa, junto com uma enormidade de funções que foram terceirizadas e até quarteirizadas.

Parafraseando o que o grande poeta Vinícius de Moraes falava sobre o amor: que o emprego, hoje, seja eterno enquanto dure! Porque os tempos, definitivamente, são de grande adaptação. A nova maneira de trabalhar já está mais do que em evidência no microcomputador, nos e-mails com documentos anexados, nas redes corporativas (ou intranets), no correio de voz, nos notebooks, nos palmtops e no acesso à internet por meio do telefone celular. Já é possível trabalhar em casa ou do outro lado do mundo. Informações técnicas, como desenhos de engenharia e arquitetura, são enviadas via satélite com a maior facilidade, rapidez, exatidão, confidencialidade e baixo custo, assim como as conferências feitas on-line, via sistemas e ferramentas integrados ao PC, tais como câmeras de vídeo, mensagens de arquivos e de textos.

Porém, nessa era da informação e do conhecimento instantâneos, surge a necessidade de equilibrar as habilidades básicas e específicas dos gestores e profissionais. As habilidades básicas são aquelas construídas ao longo da formação do indivíduo, que duram a vida inteira e servem de instrumentos para o trabalho do dia a dia: leitura, escrita, expressão oral, capacidade de resolver problemas, de planejar, organizar, de criar e de se relacionar com o outro de forma produtiva e ética. Já as habilidades específicas, aquelas adquiridas em escolas, cursos profissionalizantes e de pós-graduação e na própria atividade profissional, para não se perderem num ciclo de vida cada vez mais curto, precisam "dançar conforme a música". Elas precisam ser adaptadas às mudanças do mercado: a cada inovação tecnológica, a cada atualização ou extinção de serviços, é necessário rever conhecimentos, estar aberto para incorporar outros novos dados e gostar – sim, isso é muito importante – de aprender. A pessoa que tem mente curiosa e criativa é o profissional mais capacitado para atender às expectativas do mercado de trabalho atual.

Claro que quem aprendeu a fotografar numa máquina manual, da época do Chrome Film, não deve se sentir excluído ou desnecessário depois da chegada dessas máquinas digitais com "superpoderes" e vários megapixels. Está certo que elas podem ser operadas com muito mais facilidade e com resultados bastante eficientes. E que a cada dia podem ser substituídas por outra ainda mais adaptada às mudanças.

Mas um bom olho não se troca. Por talento ou aprendizagem, a capacidade de enxergar além dos outros será sempre um diferencial, tanto para produzir como para vender esse tipo de serviço em qualquer área.

Mas, para enxergar, literalmente, as novas oportunidades, será preciso se livrar de certos preconceitos. Um bom fotojornalista, de olhos treinados para o inesperado, pode virar, por exemplo, um destacado fotógrafo de casamentos. Em vez daquele álbum tradicional e formal, muitos casais podem preferir cliques mais engraçados e relaxados da festa.

Toda grande mudança gera grandes oportunidades. Os perdedores de amanhã serão aqueles que não querem aprender a mudar e se adaptar às novas realidades que virão. Os ganhadores serão aqueles, de todas as idades, níveis hierárquicos e funções, que se mostram disponíveis para assimilar novos conhecimentos e tendências.

Entre alguns dos princípios de Tom Peters, se destacam: em primeiro lugar, o profissional de sucesso terá de criar uma forte marca própria, com grande autonomia, e um genuíno esforço de marketing pessoal, incluindo posicionamento, promoção e vendas, como se fosse realmente um produto em um mercado competitivo. Esse exercício de *branding* o auxiliará a ser um profissional mais completo, a vender melhor suas competências e a programar seu trabalho na forma de projetos especiais,

---
A pessoa que tem mente curiosa e criativa é o profissional mais capacitado para atender às expectativas do mercado de trabalho atual.
---

aos quais deverá dedicar seu mais genuíno esforço e até paixão para gerar excelência e valor.

Ao contrário do que se possa imaginar, o novo grau de profissionalismo fará com que a lealdade seja o maior e mais importante ingrediente do trabalho. Porém, em vez de uma obediência cega ao chefe, patrão ou Estado, será uma lealdade madura, autônoma, moderna, com paixão dirigida à equipe, ao projeto, ao cliente e, em última instância, a si próprio.

Em segundo lugar, o modelo de empresa que surgirá como o *benchmarking organizacional* será aquele da empresa de serviços profissionais, como são as empresas de consultoria (por exemplo, McKinsey, Booz-Allen, Andersen Consulting ou PriceWaterhouseCoopers), em que profissionais com boas competências trabalham de forma integrada para concluir projetos específicos em equipes matriciais, com autonomia, criatividade e obsessão pela qualidade e o valor agregado, em benefício do cliente.

Quando esse modelo de comportamento – e qualidade em tudo o que se faz – migra para os bancos e indústrias maiores, o impacto é imediato, a produtividade sobe, o sentimento de ser dono contagia as equipes, o lucro aumenta e os profissionais compartilham o sucesso.

A fórmula surpreende pela simplicidade. O burocrata que antigamente podia sobreviver despachando decisões dentro de pastas e escondendo-se em uma sequência de reuniões improdutivas perderá seu lugar para o profissional que trabalha como membro de uma pequena empresa de serviços em que a produtividade é vital para sua sobrevivência. Esse é o perfil do "Chief Executive Officer" do futuro. Portanto, como já dizia um dos maiores cientistas da história, o naturalista britânico Charles Darwin, os mais adaptados sobreviverão.

10
Divirta-se enquanto trabalha

Eu disse diversão? Sim, porque o trabalho, embora seja sério, produtivo e planejado, deve ser encarado com alegria e prazer. Quando vejo uma criança brincando, isso fica claro. Em geral, ela não está preocupada com o tempo que irá despender para terminar o trabalho nem com as consequências do resultado. Está apenas entregue àquele momento, inteiramente concentrada. Também é patente que a criança se lança na aventura de realizar coisas novas sem medo. Espelho de seus heróis dotados de superpoderes, ela acredita que pode tudo. E apenas começa. Esse é um segredo do profissional que dá certo. Ele também começa e acredita, mesmo que iniciando de forma simples e pequena. Dá o primeiro passo. Outros passos se seguirão nessa estrada. O importante, portanto, não é olhar tanto para trás nem muito para a frente, mas apenas seguir caminhando. Passo a passo, vai-se conquistando e aprendendo.

Outra característica básica dos profissionais de sucesso é que eles não almejam apenas o dinheiro quando iniciam um negócio. Há uma pesquisa interessante, feita pelo americano Mark Albion, autor do livro *Making a Life, Making a Living*, que mostra o sucesso financeiro como uma mera consequência do trabalho apaixonado. Ele estudou a vida de 1.500 profissionais americanos que fizeram

> **Este é um segredo do profissional que dá certo. Ele também começa e acredita, mesmo que iniciando de forma simples e pequena. Dá o primeiro passo.**

MBA há 20 anos. Após terminarem o curso, 83% afirmaram que investiriam seu tempo para ganhar dinheiro. Só depois se dedicariam ao que realmente desejavam.

A parte restante dos recém-diplomados, 17%, declarou, na época, que iria fazer o que gostava na vida, independentemente do ganho financeiro. Duas décadas depois, o resultado é um indício claro de que o dinheiro deve estar em segundo plano, quando existem escolhas de vida tão importantes como aquelas que envolvem a carreira profissional. Em primeiro lugar, deve haver paixão pelo que se faz. Vinte anos após sua primeira entrevista com os 1.500 profissionais, Albion encontrou no grupo 101 multimilionários. Cem faziam parte do time que escolheu trabalhar no que gosta. Apenas um era do outro grupo, e preferiu ganhar dinheiro antes.

Divertir-se e extrair prazer de uma atividade tão importante – e que nos envolve por tanto tempo – como o trabalho é essencial para que você tenha sucesso.

11
Fale inglês – ou fique mudo

Você pode fazer com sua vida (e sua carreira) o que quiser. Pode empreender com sucesso, pode ser o CEO de uma empresa, pode lançar uma ideia incrível e revolucionar o mercado, pode se tornar capa de uma revista de negócios, pode brilhar no exterior. Desde que seja íntegro, ousado, determinado, entre outras qualidades. E desde que fale inglês. Até os anos 1950, essa não era uma verdade absoluta. Nessa época, o mundo falava outras línguas. Aliás, os idiomas tinham gavetas próprias: o alemão era a língua da engenharia (meu pai fez engenharia em Michigan em 1920 e lia fluentemente o alemão); o francês era da diplomacia e da filosofia; o italiano, da ópera; e o espanhol e o português ainda não tinham a representatividade que têm hoje. E antes – há dois mil anos – era o tempo da cultura humanista e das línguas clássicas, como o grego e o latim.

Hoje, quando cerca de 1,5 bilhão de pessoas no mundo falam inglês, considerado não só uma língua, mas uma "habilidade básica universal", não se comunicar nesse idioma se torna um problema. Afinal, tudo está em inglês, de filmes e músicas a pesquisas científicas, televisão, tecnologia e, especialmente, internet. No campo dos negócios, desde o poderio militar do Império Britânico, que impunha aos colonizados a prática do idioma, e principalmente depois que os Estados Unidos se projetaram para o mundo, esse idioma se transformou em ferramenta do "business world".

Por isso é tão básico. Para trabalhar em qualquer lugar, ele será necessário. E não estou falando que é preciso ter aquele inglês maravilhoso, sem sotaque, coisa de quem morou fora durante anos ou se diplomou nos melhores cursos. O inglês dos negócios, de trabalho, tem sotaque e é passível de erros – não é perfeito, mas é importante saber ler, escrever, conversar, viajar, fazer apresentações.

Tem muita gente que se subestima na hora das entrevistas. Constato isso no dia a dia da Mariaca, quando pergunto a algum candidato sobre o nível de seu inglês. A pessoa em geral diz que não fala bem, com medo de decepcionar o interlocutor e, no final, confiro que ela se vira muito bem, sim.

> O inglês dos negócios, de trabalho, tem sotaque e é passível de erros – não é perfeito.

O que digo é para fazer uma autoavaliação sensata e positiva. E, caso descubra que tem um inglês precário, o importante é investir na melhora e se preparar para falar e escrever bem. Hoje não faltam bons cursos e métodos para quem quer aprender.

E quanto ao português, sua primeira língua? Muitos jovens de classe média alta que estudaram em boas escolas se comunicam timidamente ou usam muitas gírias – ou, ainda pior, cometem erros grosseiros de concordância. Não sei se isso tem a ver com os tempos de internet, que estimulam a comunicação em códigos, mais rápida (e também menos correta), mas a verdade é que muita gente hoje não sabe falar nem escrever bem. Em uma entrevista de emprego, é preciso saber se comunicar dentro do código linguístico culto, que permite melhores oportunidades no mercado de trabalho. Um candidato que não sabe se expressar de forma adequada põe tudo a perder. Sequer consegue passar pelo primeiro funil de seleção. Portanto, além do inglês, absolutamente básico nos dias de hoje, é imprescindível dominar bem o português.

12
Fale pouco, bem e de forma simples

As empresas estão cada vez mais exigentes em relação à qualificação de suas equipes. A preocupação em desenvolver fluência em inglês, em manter-se atualizado e em garantir um diploma de graduação e pós-graduação não faz parte apenas do dia a dia de profissionais de níveis sênior, mas também daqueles que estão em início de carreira. Contudo, uma habilidade extremamente valorizada pelas empresas parece ser ignorada. Ser claro, conciso e, sobretudo, saber expressar ideias de maneira oral e escrita requer muito mais que conhecimentos de gramática. É claro que a intimidade de uma pessoa com as normas de um idioma a torna menos suscetível a erros e mais propensa a falar bem e com facilidade. Mas a arte da comunicação envolve um pouco de carisma – afinal, uma pessoa que expressa suas ideias com entusiasmo consegue atrair a atenção até do mais desinteressado dos ouvintes. E, em um mercado de trabalho competitivo, a capacidade de persuasão é fundamental, seja para conseguir um emprego ou conquistar um novo cliente.

Não caia na tentação de achar que os profissionais de áreas mais técnicas, como Tecnologia da Informação, não devem estar atentos à questão da boa comunicação. Um dos maiores equívocos dos "técnicos" é abrir mão de um discurso simples e claro para dar lugar a sentenças recheadas de termos incompreensíveis para quem não pertence à área. Outro erro comum é o uso de palavras e expressões rebuscadas, que em alguns casos não agregam qualquer valor à mensagem transmitida – pelo contrário, às vezes podem interferir negativamente, alterando o seu significado. E, por fim, o mais constrangedor dos erros: as graves falhas gramaticais. Nesse grupo incluem-se a separação do sujeito e predicado por vírgula, os erros de concordância (principalmente verbal) e, nos discursos orais, os erros de fonética.

Para evitar qualquer um dos equívocos mencionados, siga uma regra prática: seja simples. A expressão "menos é mais" tem muitas verdades. O bom comunicador não se atém a termos técnicos ou frases requintadas, ele quer ser apenas entendido. Para tanto, é claro e objetivo nas suas mensagens. Pode falar "muito" em poucas palavras.

A correria do dia a dia também tem levado as pessoas a voltarem suas atenções para atividades mais "importantes" que a comunicação. O conteúdo dos e-mails é uma prova disso. No ímpeto de mandar a mensagem, o profissional se esquece de fazer uma rápida revisão de texto e deixa passar erros de ortografia, causados pela pressa na digitação. Lembre-se: a revisão é obrigatória para todos os documentos.

Mais importante ainda é a revisão do conteúdo da mensagem do e-mail. Será que ela está compreensível para o destinatário? O vocabulário está adequado? Também é fundamental se assegurar de que a mensagem deve ser mesmo enviada por e-mail, uma forma prática, mas muito informal de comunicação. Quando se tratar de assuntos delicados e polêmicos, temas que envolvem decisões e contratos de confiança, o melhor mesmo é apelar para o velho e bom telefone. Assim, falando claramente e ouvindo a voz do interlocutor, a conversa pode ser bem mais produtiva e eficaz.

Se a decisão for realmente enviar a mensagem por e-mail, é importante reler o texto várias vezes para eliminar qualquer mal-entendido ou possibilidade de equívoco de interpretação. Hoje é muito comum as pessoas optarem pelo e-mail para tudo. É por isso que há quem já tenha sido demitido via internet... No campo pessoal, muitos relacionamentos são desfeitos depois de alguns cliques no computador. Mas essa facilidade é perigosa. Portanto, fique atento e saiba escolher a melhor ferramenta para se comunicar, de acordo com a situação e a ocasião.

Ao passar sua mensagem de forma verbal, lembre-se de que tão importante quanto falar é saber escutar. Essa é uma demanda valorizada na comunicação atual, que tende a ter muitos ruídos e conflitos. Muitas pessoas sequer esperam que o outro complete seu pensamento. Querem logo dar sua opinião e não se incomodam de interromper quem está falando. Outras, ainda, fazem julgamentos apressados ou reagem de forma emocional à fala do interlocutor. Saber ouvir inclui o desejo de querer conhecer e entender melhor o outro, além de foco e atenção integral na conversa.

> O bom comunicador não se atém a termos técnicos ou frases requintadas, ele quer ser apenas entendido.

Quem só quer falar acaba sendo bastante desagradável. Aliás, nada mais chato do que aquela pessoa verborrágica, que fala sem necessidade e adora discursar. Uma pergunta corriqueira como "tudo bem, passou bem o fim de semana?" vira motivo para que ela desfie durante minutos a saga dos dois dias que passou longe da empresa.

Saber medir as palavras é um dom que ajuda a construir carreiras de sucesso. As pessoas que reclamam de tudo e de todos também constrangem o ambiente e criam um clima negativo, de baixo astral. Como se tivessem nuvenzinhas negras permanentemente em cima da cabeça, elas correm o risco de serem excluídas do grupo e também da empresa. Por isso é tão importante aprender a pensar antes de falar, comunicar-se de forma objetiva e clara e falar pouco durante o expediente. Insisto nisso, porque hoje, especialmente, em fase de equipes enxutas e muita pressão por resultados, os gestores não querem ter alguém que distraia os outros funcionários e colabore para desviar o foco.

Isso não significa que você vai passar os dias trabalhando tenso, fechado e sem abrir a boca. O clima de camaradagem e bom humor é essencial em qualquer ambiente de trabalho. Mas quem se comunica bem passa por uma peneira medidora de cultura e inteligência e consegue convencer, transmitir confiança, ser levado a sério e fechar negócios com melhores resultados. Será ouvido e até admirado em diversos campos. Engana-se quem subestima o poder da oratória.

Após a proliferação da comunicação virtual – com BlackBerrys e Smartphones, interligados por conexões sem fio e Skypes a baixo custo – a importância da boa conversa, escrita ou falada, não diminuiu. Hoje valorizamos as comunicações velozes, sintéticas e abreviadas, com símbolos e modismos que encurtam o envio, facilitam a leitura, o depósito e a recuperação futura. Porém, a capacidade de identificar, organizar e expressar ideias com clareza, início, meio e fim continua fundamental. Aliás, essa necessidade é histórica e vem crescendo há séculos. A escola oratória romana valorizava a forma e a utilização marcante de estilo como meio de mostrar superioridade intelectual. Já a escola grega ressaltava o conteúdo e as estratégias de argumentação como meio de persuadir e obter influência. E hoje, o que é importante? Naturalidade, clareza, objetividade, um pouco de humor, emoção na fala, carisma. Mas é possível conquistar esses atributos com um pouco de treino profissional. Existem no mercado diversos bons cursos de comunicação oral, que trabalham a oratória, a expressão corporal, o vocabulário e acabam, de quebra, também trabalhando a autoestima. Hoje também é comum encontrar cursos de teatro abertos para profissionais de várias áreas. Ao pisar no palco, a pessoa se solta, fica mais espontânea e sem tanta autocrítica. Consegue falar melhor, gesticular, acontecer. O importante é treinar, porque tudo pode ser aprendido. Portanto, solte sua voz e passe sua mensagem. Mas lembre-se: menos é mais.

13

Seja dono do seu país

O que isso significa? Que você possa exercer a cidadania, lutar por seus direitos, saber que pode, sim, influir nos rumos da história do país. Assumir o país como seu é fiscalizar a política, cobrar ações e se envolver no dia a dia de seu bairro, de sua comunidade, de sua cidade.

Os Estados Unidos têm esse preceito como cultura básica: ensinar às crianças que o país é delas – e que elas devem assumi-lo. Isso não dá apenas uma ótima sensação de poder aos jovens cidadãos. Também fortalece a ideia de que cada pessoa, entre os milhões que formam a população de um país – no caso do Brasil, 140 milhões –, é que faz um país. Por uma série de motivos que incluem anos de herança portuguesa, escravidão, economia rural e uma cultura extremamente paternalista, as pessoas nascem, crescem e seguem acreditando que "o Brasil é assim mesmo", de que "aqui só tem injustiça", de que "não tem jeito que melhore" e por aí vai. Isso causa um tremendo mal-estar porque, convenhamos, a vontade de lutar é arquivada e encolhida. É como um pássaro que tem suas asas cortadas ou é engaiolado, ou mesmo, para ficar num exemplo humano, uma pessoa que nasce cheia de talentos e de vontade para empreender, mas que ouve que deve se contentar com um emprego fixo e seguro, porque vem de uma família sem recursos.

Assumir a cidadania e exercê-la não muda apenas a relação que se tem com o poder público e com a comunidade. Muda a dinâmica também dentro da empresa em que se trabalha, muda e melhora a relação com os filhos, com os amigos, com os vizinhos. A cidadania é a vitória dos iguais. Todos podem andar na rua e ser respeitados (e, por isso, todos os bairros devem ter calçadas seguras e bem pavimentadas); todos em uma empresa merecem respeito, do *chairman* à faxineira; todos em uma corporação podem ter o direito de falar com o presidente e exporem suas ideias.

No Harris Bank, onde trabalhei, era assim. O *chairman* fazia questão de tratar as pessoas como iguais. Se ele recebia algum cliente ou executivo importante e a secretária entrava na sala com o cafezinho, ele a apresentava com distinção, na certeza de que todos ali faziam parte de um time e, como tal, tinham seu valor.

> Por que não voltar o olhar para dentro de nós e reconhecer a nossa própria força?

A DuPont também era uma empresa de pares trabalhando com pares. E aqui, na Mariaca, essa cultura é igualmente essencial. Os funcionários têm liberdade de falar comigo e com os outros sócios e dirigentes. As portas estão abertas. Isso traz segurança, deixa as pessoas mais felizes e motivadas – pois sabem que são ouvidas e valorizadas – e esse sentimento se reflete de forma positiva em todos os âmbitos da empresa, especialmente no que se refere à produtividade, uma preocupação natural de gestores e empresários.

Algum tempo depois de a crise econômica ter irrompido no mundo todo, sentimos os efeitos positivos desse susto coletivo. A sacudida nos acordou e nos deixou bem mais espertos. Para mim, isso é parte da solução. As pessoas se organizam para economizar, para ser mais eficientes com o próprio tempo, para aproveitar melhor seus talentos e qualidades. As pessoas se mexem – e isso é muito bom. A zona de conforto, ao contrário, pode trazer vícios e sentimento de acomodação. Um bom exemplo é a família paternalista, em que os filhos esperam tudo do pai patrão. Em geral, eles não costumam desenvolver os recursos necessários para ir à luta e construir suas histórias. No Brasil, sinto que temos de desenvolver um projeto de equipe – coisa que os americanos que lutaram na Primeira e na Segunda Guerras Mundiais fizeram –, que é reconhecer que a obrigação de manter a economia forte, de escolher bons dirigentes e de lutar por princípios sociais é de todos nós.

Em vez de esperar, humilde e pacientemente, a resposta de cima (mirando o chefe, o pai, o governo, aquele que manda), por que não voltar o olhar para dentro de nós e reconhecer a nossa própria força? Houve uma época em que havia um macaco na minha sala, um macaco de pelúcia. As pessoas entravam e perguntavam coisas para mim e eu brincava com elas: "Fale com o macaco, ele vai resolver." O macaco é o paternalismo, é a solução do mandante, do governo. É a resposta de alguém que vai remediar ou estragar – e nossa tendência é ficar esperando, o que é fatal. Precisamos nos fortalecer como time e também como cidadãos. A elite e os que têm a liderança – ou que estão preparados para assumi-la – devem ter menos vergonha da riqueza e mais orgulho de suas qualidades. Esse macaco, esse boneco paternalista, não existe, e cabe a cada um de nós a tarefa de se envolver para melhorar o país e a qualidade de vida das próximas gerações.

14

Arrogância é o fim

Uma competência que todo profissional precisa criar – para se tornar um ganhador no mercado competitivo de empregos – diz respeito a seu comportamento e maturidade emocional. E um dos traços de comportamento mais desanimadores é a arrogância. Quando vejo um candidato olhar o potencial empregador de cima para baixo, medindo-o por seu tamanho, por seu jeito de vestir ou por qualquer outro motivo, eu desanimo. Perco a vontade de investir nessa pessoa porque vislumbro alguém que não exercita a humildade, a capacidade de aprender com o outro e, mais do que isso, é alguém muito, muito inseguro. O arrogante se projeta no poder de símbolos e rótulos para se sentir mais forte e confortável. Ele muitas vezes precisa carregar na mão um relógio ou uma bolsa de grife para não se sentir inferiorizado.

A empresa é um microcosmo da sociedade. Todos os diplomas, pós-graduações, MBAs ou fluências em idiomas podem ir por água abaixo se o candidato misturar essas qualidades com um comportamento inadequado, como a arrogância ou a antipatia.

Todos nós devemos monitorar, de maneira permanente, o impacto de nosso próprio comportamento sobre o público que está à nossa frente – o qual muda conforme a situação. A liderança moderna demanda que um líder "energize" suas equipes atuando muito

---

Os líderes punitivos acabam perdendo o apoio de seus mais leais seguidores dentro da organização.

mais como um guia e menos como um capataz insensível e pomposo. Os líderes punitivos acabam perdendo o apoio de seus mais leais seguidores dentro da organização, pois ninguém mais aguenta, na era moderna, ser tratado com falta de respeito ou com desgaste à sua dignidade. Nosso comportamento está 100% sob o nosso controle. Mesmo tendo de procurar ajuda profissional de um *coach* ou de um médico, o comportamento pelo qual optamos é uma verdadeira escolha, que sempre tem espaço para ser aprimorada. Portanto, fique longe da arrogância, que pode arrasar tanto sua vida pessoal como a profissional.

15
Trabalhe bem em equipe

Essa é uma das habilidades mais valorizadas no mundo corporativo. A pessoa que sabe se relacionar bem com seus pares, com seus subordinados e com seus superiores tem mais chance de dar certo no mercado de trabalho atual. Afinal, hoje o ambiente profissional está bem mais diversificado e complexo, com mudanças de produtos, times, técnicas e estratégias. Tratar os colegas de modo aberto, transparente e amigável é importante, bem como colocar-se à disposição para ajudar a quem precisa de apoio. A solidariedade é bem-vista em qualquer lugar.

Outras características fundamentais são o espírito conciliador, a disciplina, o senso de humor – a capacidade de rir de si mesmo e não fazer tempestade em copo d'água. A parceria também exige do profissional coragem para se expor e defender suas convicções (sem ser arrogante, claro!). O melhor a fazer é encarar a vida como um eterno aprendizado, sem medo de errar. Acredito que é muito mais sensato se expor, e até falar algumas bobagens (ninguém escapa desse risco), mas ter a chance de ser corrigido e acertar o rumo, do que silenciar e não evoluir em nada.

Vale salientar que nem todos os membros de uma equipe devem falar a mesma língua. As diferenças, quando bem compreendidas (sem que atrapalhem os objetivos da empresa), servem para somar. Inclusive, agregar pessoas com pontos de vista diversos amplia os horizontes da empresa e dos próprios profissionais. O problema é que alguns chefes, por des-

> **Tratar os colegas de modo aberto, transparente e amigável é importante, bem como colocar-se à disposição para ajudar a quem precisa de apoio.**

preparo ou falta de ética, em vez de servir de fiel da balança, amenizando as divergências e somando as qualidades, preferem acirrar as disputas – jogando os membros uns contra os outros. Não acredito no sucesso dessa estratégia. Acho que um ambiente instável e muito competitivo, no qual ninguém tem segurança, dificulta a criação de vínculos entre os profissionais.

A competitividade dentro das empresas sempre existiu e sempre vai existir, mas isso não significa que ela tenha de ser desmedida e sem parâmetros éticos. E regras e limites só podem ser impostos pelas chefias – que devem desempenhar o papel de juízes e comandantes, não de incendiários.

16
Assuma a paternidade de sua carreira

Buscar uma nova colocação no mercado, independentemente do motivo que tenha levado o profissional à busca, não pode ser considerada uma tarefa fácil. O processo envolve métodos que ajudam a tornar a procura mais rápida e eficiente, como a estratégia do networking expandido e do marketing pessoal; no entanto, as emoções, os medos e anseios de cada um acabam contando muito nesse processo. Depois desses anos todos de experiência com aconselhamento de executivos, constato que as pessoas que têm maior poder de controle de suas emoções – as mais seguras, tranquilas, otimistas e bem-humoradas – têm mais chances de conseguir os resultados que procuram na carreira. Isso porque acreditam mais em si mesmas e conseguem se vender de forma natural e eficiente.

A ideia de que a carreira é um mero ganha-pão, aliás uma expressão antiga e que mostra apenas o objetivo de subsistência física do trabalho, ficou para trás. Além de envolver a satisfação de bens materiais e o bem-estar pessoal e da família, o trabalho inclui vários outros pontos. Trabalha-se por paixão, por prazer, para aprender, para crescer, para transformar, para seguir em frente. Eu, pelo menos, não me imagino sem trabalhar. Na verdade, não quero me tornar um velhinho aposentado, "espectador dos espetáculos alheios". Meu Deus, tenho uma mulher bonita, quatro filhos, 65 anos... Tenho muito a aprender, quero ainda estudar, fazer e acontecer. Quando penso nesse assunto, lembro diretamente a figura do meu pai, um homem ativo até os 90 anos, que, aos 70, ainda dirigia um banco.

Por isso, o que aconselho é que as pessoas assumam a paternidade de suas carreiras. E que lutem por ela, como se luta pelos filhos. Nisso, entram planejamento, coerência, disciplina, método, persistência. E também paixão. Trabalhar no que se gosta é essencial para fazer sucesso. É muito difícil que alguém dê certo fazendo algo de que não gosta.

Complicado é quando a pessoa se tornar observador passivo de sua carreira, não faz nada para mudar e ainda se torna dependente financeiramente dela. Torna-se refém de um estilo de vida e de trabalho furado, que nada tem a ver com seus valores e seus desejos, mas não faz absolutamente nada para alterar esse quadro. Apenas deixa o barco correr, um dia após o outro. Esse estado de inércia pode levar à sensação de que não se tem controle da própria vida, e daí à depressão e à infelicidade é um pulo.

As pessoas felizes costumam ser felizes não só na vida profissional. São felizes com seus pares, com seus amigos, com seus filhos, com sua história pessoal e também na carreira. Não que seja tudo um mar de rosas; elas estão sempre lutando e tentando melhorar, têm problemas, como todo mundo. Mas acreditam em si e seguem em frente. Para ter substância, o sucesso tem de acontecer nas diferentes facetas da vida. As pessoas que têm partes importantes de sua vida não resolvidas – o lado amoroso e o familiar, por exemplo – podem se tornar "azedas", sem energia e carisma. Quando isso acontece, a vida profissional também decai, porque os pares não se envolvem ou se motivam com um profissional "azedo" e chato. Um chefe assim não tem magnetismo para fazer com que os funcionários sigam seus passos. E um dos ingredientes básicos do líder é o magnetismo, a capacidade de inspirar os outros a comprar suas ideias, a segui-lo e a fazer o que acredita.

Isso não quer dizer que os chatos não podem reestruturar sua vida. Conheci pessoas que eram chatíssimas no trabalho e que, quando passaram por situações difíceis, de saúde e de carreira, apararam arestas e cresceram. Foi o chamado *turning point*. Viraram a mesa e se modificaram. Mas a gente não precisa esperar situações-limite para mudar o que não está bom. Por isso, a autoanálise é tão importante.

> **Trabalha-se por paixão, por prazer, para aprender, para crescer, para transformar, para seguir em frente.**

E, nesse ponto, voltamos ao início deste conselho: assuma a paternidade de sua carreira – aliás, de sua história. Se você não está no emprego ideal, comece a ir atrás do que realmente quer. Não se sinta prisioneiro das circunstâncias. Se você pensar que vai trabalhar durante 20, 30, 40 anos de sua vida, como pode imaginar toda essa existência sendo passada de forma vazia, sem sentido, infeliz? O que acontece, em geral, é que as pessoas vão se acostumando com esse sentimento – e o ser humano se acostuma com tudo, com o que é bom e também com o que não é – e acabam perdendo a força da luta pelo desejo de ser feliz. Cruzam os braços e acham que isso "é normal". Não é.

Eu sempre tive o emprego dos meus sonhos, mas isso não foi mera casualidade. Muitas vezes, quando decidia sair de uma empresa, era porque queria um componente de felicidade. Ao longo da minha vida profissional, fui desenhando e planejando o que queria. Quando decidi mudar para o Brasil, buscava, além da geografia, essa cultura, esse estilo de vida que tanto me encanta. Depois, quando resolvi abrir um negócio próprio, também fui buscar outras coisas: o empreendedorismo nos dá a chance de realizar muitos sonhos.

Em qualquer idade, a pessoa precisa aprender a buscar o tipo de emprego que quer. Isso inclui definir a localização desse trabalho, o tipo de empresa, de cultura com a qual se identifica; pesquisar o mercado; descobrir a pessoa certa nessas empresas e abordá-la para que saiba que você quer aquele emprego, o dos seus sonhos; gerenciar esse projeto de busca. A "gerência do projeto de busca" é essencial porque realmente a procura de um emprego é um projeto que precisa ser coordenado e liderado como qualquer outro. Você provavelmente já deve ter gerenciado projetos, como uma festa, um casamento, uma obra em sua casa ou até mesmo uma viagem de férias. Essas experiências devem ter lhe ensinado que o gerenciamento eficaz de um projeto envolve a definição de fases, a descrição dos passos e a identificação de etapas. E um projeto tão importante como a busca de um emprego precisa ser gerenciado da mesma maneira. Trata-se de um processo, como qualquer outro. A seguir, defino 10 passos importantes para que você coordene sua busca de emprego com sucesso. E assuma, definitivamente, a paternidade de sua carreira, seguindo os "Milestones" de nossa parceira global, a Lee Hecht Harrison:

1. Avalie seu ambiente profissional

É importante fazer uma análise da condição atual de sua profissão e de sua área, incluindo as tendências futuras mais importantes e de que formas irão afetar seus objetivos de carreira. Isso é essencial para identificar as oportunidades e tomar as decisões certas, além de você se familiarizar com o cenário global de sua profissão. Para tanto, você pode contar com a leitura de artigos, livros, pesquisa na internet e conversa com amigos e pares.

2. Defina seu objetivo

Sem um objetivo, você não consegue desenvolver um plano de ação eficiente. Para descobrir qual é sua meta, você pode pesquisar quais são seus interesses, o que realmente gosta de fazer e quais são suas habilidades e competências mais fortes. Vale escrever tudo isso para que se torne um registro de ideias e intenções. Aproveite para se perguntar: o que é importante para mim? Como gostaria que estivesse minha vida daqui a cinco anos? Nesse momento, você pode descobrir que o empreendedorismo é mais viável para você do que a busca de um emprego. Também é importante compartilhar essas informações com pessoas em quem confia e que podem dar a você feedback relevante e sincero.

3. Crie sua estratégia de comunicação e seu currículo

Você precisa transmitir sua mensagem de forma clara e eficiente – e isso inclui certo tipo de treino. Quem consegue descrever o que faz, seu diferencial e o que busca de forma concisa e atraente consegue se vender melhor. Pratique em voz alta até conseguir naturalidade. Quanto ao currículo, lembre-se de que ele precisa dar suporte a seu objetivo profissional, destacando suas qualificações e mostrando ao leitor o que você pode oferecer.

4. Defina seu mercado-alvo

Sem um foco para a busca, você pode perder um tempo enorme fazendo contatos e pesquisas sobre empresas com pouca probabilidade de conduzi-lo à vaga que você quer. Quando se concentra em um mercado-alvo bem definido e realista, é possível reduzir sua busca em semanas ou até meses. Para isso, estabeleça critérios claros sobre as empresas que pretende contatar (incluindo fronteiras geográficas, segmentos, tamanho e cultura organizacional) e prepare uma lista-alvo de prioridades, com mais ou menos 50 empresas. Sempre que possível, inclua nessa lista os nomes e números de telefones de contatos pessoais e também de profissionais que contratam nessas organizações. A partir daí, pesquise as necessidades e a cultura dessas empresas, conversando com pessoas da área. Esse networking o ajudará a identificar os melhores alvos e fornecer informações sobre o que deverá falar durante uma entrevista.

5. Obtenha informações sobre o mercado

Pesquise sobre as empresas onde você quer trabalhar por meio de pessoas que realmente as conheçam. O ideal é falar com gente que está dentro da organização, funcionários e colaboradores, por exemplo. Com esses dados, você tem uma visão mais clara e mais ampla da empresa-alvo e, assim, pode relacionar suas qualidades às necessidades dessa organização.

6. Envie suas mensagens

Não se trata apenas de enviar mensagens para amigos por e-mail, falando de suas potencialidades e de seu objetivo atual. Nessa fase, você deve conversar com conhecidos, ex-colegas, familiares e reavivar contatos regularmente, tornando seu nome mais visível no mercado. Também foque em funcionários das empresas-alvo, que podem levá-lo à etapa seguinte, que é conversar com os profissionais que contratam nessas empresas. Na Mariaca, aconselho aos executivos que conversem com pelo menos 20 pessoas por semana – esse empenho na comunicação resultará em indicações e, consequentemente, em mais oportunidades.

7. Fale com profissionais que contratam sua posição-alvo

Todas as etapas anteriores destinam-se a prepará-lo para falar diretamente com as pessoas responsáveis pelas decisões: os profissionais que contratam, ou seja, seus futuros chefes. Essas conversas podem vir sob a forma de uma entrevista oficial ou de uma reunião de networking menos formal. Em ambas as situações, seu objetivo é descobrir as expectativas da empresa, mostrar suas qualificações como a solução para essas demandas e explorar as oportunidades. Embora apenas uma pessoa seja necessária para contratá-lo, geralmente são necessárias várias conversas com inúmeros profissionais que contratam até que você possa descobrir a oportunidade certa. Esteja preparado para responder a perguntas difíceis, prepare aquelas que quer fazer e tenha conversas úteis com dois diferentes profissionais que contratam por semana. Se suas atividades de networking não estiverem gerando nomes suficientes de profissionais que contratam, tente outras duas abordagens:

a. Avalie perfis de empresas, artigos e bancos de dados para obter nomes.
b. Telefone para a empresa-alvo e pergunte o nome do gerente apropriado a seu caso.

8. Considere outros métodos de busca

Transmitir suas mensagens nas conversas continua a ser o método mais eficaz, mas você também deve considerar outros métodos de busca para descobrir eventuais vagas, incluindo recrutadores ou agências de empregos, respostas a anúncios e sites de postagem de vagas de empregos na internet. Embora esses métodos não deem certo para todas as pessoas, podem contribuir para ampliar sua visão geral do mercado e ajudá-lo a identificar possíveis empregadores para acrescentar à sua lista-alvo.

9. Participe de entrevistas, gere ofertas e negocie

Antes de fazer a transição para uma nova vaga, você vai participar de entrevistas e conversas, nas quais poderá negociar a remuneração e as responsabilidades do cargo, entre outras coisas. Tente prever as perguntas que lhe farão e prepare respostas para cada uma delas. Pratique suas respostas, talvez até gravando-as em vídeo para que possa avaliar seu desempenho. Esse é um recurso bastante usado na Mariaca, pois ajuda os candidatos a se posicionarem melhor nessa etapa crucial. Também é importante que você vá para a entrevista com dados confiáveis sobre remuneração, para que chegue a um acordo justo, bom para as duas partes. Após cada conversa, faça anotações sobre seu desempenho para analisar o que correu bem e de que forma você pode estar mais preparado para responder às perguntas.

10. Faça a transição para a nova vaga

Depois de ter investido tempo e energia construindo uma rede de contatos e fazendo entrevistas, você está empregado. Mas a história não acabou (aliás, ela não termina nunca). Lembre-se de telefonar ou escrever para seus contatos agradecendo pelas informações e apoio durante a fase de busca de emprego e fale também com as outras organizações com as quais negociou. Essas ações de feedback mostram respeito, responsabilidade e gentileza, qualidades ainda mais valorizadas nos dias de hoje, período em que grande parte das pessoas pensa apenas de forma individualista e pequena. Uma vez no novo emprego, você pode usar toda essa experiência de busca para aumentar sua eficiência, construir novas habilidades e realçar sua posição de mercado de maneira geral.

17
Goste de ajudar

Sempre gostei de ajudar pessoas a se recolocar no mercado de trabalho. Antes mesmo de fundar a Mariaca, que cuida basicamente de recrutamento e da recolocação de executivos no mundo todo, eu já fazia isso espontaneamente. Quando trabalhava na Black & Decker e, em seguida, na DuPont, as pessoas que eu conhecia me procuravam para saber de oportunidades – e eu procurava fazer a ponte entre os CEOs e diretores que eu conhecia e os possíveis candidatos.

Esse desejo natural de ajudar acabou se transformando em um negócio criativo e lucrativo, no qual as pessoas se entrelaçam para descobrir oportunidades de trabalho para si mesmas e seus pares. Eu quis trabalhar com duas coisas que conhecia: contratar talentos e ajudar talentos que se recoloquem. Um exemplo disso aconteceu com um amigo e pessoa que admiro bastante, o José Augusto Minarelli, dono da primeira empresa de *outplacement* do Brasil. Eu contratei a empresa dele quando estava na DuPont e tive de demitir algumas pessoas. Depois, quando já era empresário, nos encontramos várias vezes, como parceiros de clientes de *outplacement* e aconselhamento de executivos.

Desse começo da Mariaca, também fizeram parte pessoas muito importantes, como minha comadre Angelina (minha ex-vizinha e amiga) e a sobrinha dela, que chegou a se tornar diretora financeira da Mariaca bem no início. Meus irmãos ajudaram muito, meus sócios também.

Às vezes, auxiliamos uma pessoa em algum período da vida e imagina-

> A ajuda desinteressada é a mais valorosa, e ela gera bem-estar e alegria.

mos que, quando necessário, ela estará pronta para retribuir. Em geral, não é o que acontece. Também não é por isso que não devemos mais colaborar, muito pelo contrário. O importante é auxiliar, dar a mão, mas sem criar expectativas. A ajuda desinteressada é a mais valorosa, e gera bem-estar e alegria. Esses valores positivos se irradiam de forma ampla e irrestrita, desencadeando uma série de coisas boas – que um dia, pode ter certeza, retornam para você.

18
Disposição não tem idade

Nos Estados Unidos e especialmente na Europa, sempre houve valorização dos profissionais seniores (acima de 50 anos) nas empresas. Aqui no Brasil, vejo com alegria que as coisas começam a melhorar nesse sentido. Empresas que antes buscavam um perfil de executivos com faixa etária entre 25 e 45 anos agora estão de olho nos funcionários mais velhos, mais experientes e que podem, justamente por isso, ser melhores líderes e gestores para a corporação.

Trata-se de uma atitude inteligente se levarmos em conta que, nessa fase, a pessoa em geral está mais sábia, mais centrada e apta a usar tudo que aprendeu da melhor forma – e de colocar toda essa bagagem a favor de si mesma e dos outros à sua volta. Na maturidade, importamo-nos menos com o que os outros pensam e com os padrões rígidos de vida – queremos ser felizes e fazer os outros felizes. Essa "gana" de viver bem e intensamente – e que tem a ver com a maior proximidade com o inevitável, a morte – tem efeito positivo em grande parte das pessoas, que dão viradas espetaculares perto dos 45, 50 anos. Muitas mudam de emprego, de casamento, de cidade, de país. Outras tantas se lançam em novas profissões, querendo aproveitar o precioso tempo de forma mais inteligente e prazerosa. Vão finalmente atrás de seus sonhos.

Tenho alguns amigos que se encontraram na carreira já maduros. Um era médico e não estava feliz, mas gostava de cozinhar. Tornou-se chef e dono de restaurante muito bem-sucedido. Outro foi para a área de educação, seu sonho desde jovem. Esse é um período fértil para homens e mulheres que, com os filhos crescidos e se virando sozinhos, têm tempo, energia e disposição para alavancar sua vida da melhor forma. Não é por outro motivo que dois terços das maiores obras do mundo, nas mais diversas áreas (ciência, artes, arquitetura, música, literatura), foram realizadas por pessoas que estavam no auge da maturidade.

Por isso acho um grande equívoco vincular a imagem do profissional mais experiente à de uma pessoa deficiente ou lenta, ou até mesmo mais propensa a doenças. É uma concepção generalista e distorcida, porque a realidade é bem outra. Algumas pesquisas recentes nos Estados Unidos apontam que pessoas acima de 50 anos em posições-chave (executivos, por exemplo) tendem a cuidar melhor da saúde, da alimentação e da vida pessoal do que aquelas que estão na faixa entre 25 e 40 anos. Talvez porque acima dos 50 anos se aguce um sentimento de urgência em relação à manutenção da própria saúde e da qualidade de vida. É aquela história: depois de anos de vida desregrada e hábitos ruins (sedentarismo e muita comida e bebida), finalmente "cai a ficha" de que é preciso se cuidar para viver bem. Talvez porque as pessoas fiquem mesmo mais sábias nessa idade, querendo curtir da melhor forma possível os anos que têm pela frente, sem desperdício de tempo em bobagens... Mas a verdade é que a disposição física, mental e profissional dos pós-cinquentões e cinquentonas de hoje é invejável. Em muitos casos, compara-se à de um jovem de 20 e poucos anos, que está ávido para aprender e acontecer.

Para se manter uma pessoa assim, com pique e disposição, independentemente da idade, sugiro algumas coisas: um olhar aberto para o novo – o exercício da curiosidade, da criatividade, do aprendizado –, uma atitude flexível no trabalho e nos relacionamentos e, muito importante, uma postura ativa e responsável, de quem assume a própria vida e sabe se automotivar. As melhores empresas e o mercado de trabalho do futuro próximo estão de olho em pessoas que não precisam ser estimuladas (por um chefe, por uma recompensa, por uma estrutura) para dar o seu melhor, mas que têm dentro de si a fagulha da iniciativa e da automotivação. E essas características não têm idade.

> As melhores empresas e o mercado de trabalho do futuro próximo estão de olho em pessoas que não precisam ser estimuladas para dar o seu melhor.

19
Aja como dono

Uma das palavras da moda no mundo empresarial é empreendedorismo, e os profissionais que conseguem incluir esse atributo na lista de habilidades desejadas pelo mercado estão um passo à frente dos concorrentes.

Mas, ao contrário do que muitos pensam, essa palavra não está relacionada apenas a pessoas que decidem montar um negócio próprio, os chamados empreendedores, mas também a profissionais arrojados e ativos de uma empresa. Em outras palavras, o empreendedor age e se comporta como dono em qualquer empresa ou corporação.

Profissionais com essas características costumam se destacar, porque são extremamente motivados, criativos e irradiam bem-estar e alta produtividade nas pessoas ao redor. Eles não precisam da gestão de um chefe para que criem e realizem – são independentes e têm iniciativa para lançar suas ideias e vender seus projetos. Exatamente como costumam fazer os donos das empresas.

> O empreendedor age e se comporta como dono em qualquer empresa ou corporação.

As universidades e os cursos de pós-graduação em áreas relacionadas com administração de empresas estão cada vez mais oferecendo módulos e cursos de empreendedorismo e liderança em sua grade acadêmica, indo ao encontro da necessidade dos profissionais de agirem com o máximo de autonomia e liderança, influenciando positivamente a equipe, inclusive os superiores. Esses "donos internos" se preocupam com a empresa: seu patrimônio, resultados, clientes, fornecedores e a imagem que a corporação tem na sociedade. Por outro lado, as empresas sabem que, quanto maiores a quantidade e a qualidade de líderes em todos os níveis hierárquicos, melhores serão suas conquistas e a proteção contra crises momentâneas. O mercado exige capacidade para delegar e compartilhar o poder com os melhores talentos.

20

Siga em frente. Não há vagas para estacionar

O mundo mudou, o trabalho mudou, as pessoas mudaram. Há muito não existe aquele conceito antigo de emprego, em que as pessoas entram em uma empresa e ficam anos seguidos ali, muitas vezes sem se preocupar com aprendizado, produtividade e satisfação pessoal. Apenas ficam, muitas vezes estacionadas. Algumas crescem e mudam de vaga. Outras se mantêm na mesmíssima posição, com medo de se mover alguns metros adiante. Essa imagem acaba parecendo com a de um estacionamento de carros, é verdade. A função dos empregados, todo dia, é acordar, se arrumar e seguir para o trabalho – como um veículo, eles só funcionam quando alguém os dirige. Não andam sozinhos.

Essa metáfora é exagerada porque, claro, nem todas as pessoas agem assim. Mas o resultado é que, nessas estradas, quem se destacava – o carro mais eficiente, veloz e adaptável ao "trânsito" – acabava sendo elevado ao topo em menos tempo.

Hoje, com a competitividade do jeito que está, torna-se necessário colocar muito mais energia, eficiência e velocidade no trabalho. As empresas não têm mais aquelas tantas camadas de reserva que tinham. Elas trabalham de forma mais enxuta. O profissional que se integra ao time deve saber que precisa se desenvolver e crescer no universo corporativo – o crescimento é o único jeito de manter a empregabilidade nos dias atuais.

Garantir a competitividade tem sido o lema de muitas empresas que estão focando a atenção nos resultados apresentados pelos funcionários. Como consequência, o perfil do profissional ideal passou por mudanças. O que se espera dos talentos agora é uma visão aguçada de negócios. Ter conhecimentos técnicos profundos deixou de ser prioridade até para quem busca uma colocação de CEO (Chief Executive Officer). O que as empresas querem são profissionais que têm a combinação perfeita de conhecimentos técnicos – suficientemente bons para o desempenho de suas funções – com traços fortes de liderança.

> O crescimento é o único jeito de manter a empregabilidade nos dias atuais.

Mas, antes de tudo, esse líder tem de gostar e conhecer o negócio no qual trabalha, ou seja, deve ter visão estratégica e global do negócio, ser criativo e manter bons relacionamentos com toda a equipe e com o mundo dos negócios. Sintonia de valores éticos entre funcionário e empresa, maturidade, habilidade de comunicação, adaptabilidade e multifuncionalidade são as qualificações exigidas, principalmente para cargos de gerência, diretoria e presidência.

Como se vê, o talento dos dias atuais não é mais o profissional totalmente dedicado a uma especialidade – ele é multifuncional, ou seja, sabe um pouco de tudo que é relevante para a empresa e sabe motivar e energizar as pessoas a seu redor. Porém, o mais importante é sua ampla visão de negócios. Sem ela, as chances de conseguir um posto mais alto na hierarquia organizacional não são nulas, mas mais difíceis.

A renovação do perfil profissional resulta das mudanças ocorridas no relacionamento entre empresas e funcionários, ligação que se tornou menos paternalista e passou a valorizar o profissional mais autossuficiente. Mas também não deixa de ser uma influência das mudanças econômicas da última década, com a globalização apontando para novos paradigmas e tendências.

21
Permita-se mudar

Mudar de rumo é importante. Ninguém aos 18 anos sabe tanto de medicina a ponto de abraçar uma carreira para a vida toda. Ele tem de se dar a chance e o direito de chegar aos 24 anos, no meio do curso, e dizer: "Não quero, não aguento mais, não é isso que quero fazer" – claro, desde que não se machuque. Essas decisões são de foro íntimo e, para mim, isso está claro: podemos reorientar nossa rota e mudar nossos caminhos, não importa onde estejamos. Claro que é preciso pensar muito, refletir e analisar se a mudança é conveniente. É fundamental não ser impulsivo. Mas essa é uma característica dos jovens e às vezes não dá para lutar contra a ação momentânea, que vem no calor da hora.

Recentemente, meu filho caçula, Marcelo Alexandre, decidiu que iria morar no Alasca. Sua namorada ia trabalhar lá e ele quis viver com ela. Quando me falou, desejei boa sorte e fiquei na minha. Não criticaria a decisão dele, tampouco arrumaria as malas para xeretar o que ele estava fazendo. Fiquei aqui, mas, no íntimo, sabia que a estada nesse lugar frio não duraria muito. Esse meu filho odeia frio (por mais que amasse a namorada).

Pois um dia, ele me ligou: "Pai, quer vir aqui me visitar?" Eu tinha tempo e fui. Mas não fiquei na casinha deles, embora tenha saído com os dois, tenha tido o prazer de pescar salmão com as mãos e tenha me divertido muito com eles.

Tempos depois, ele me ligou dizendo que não iria mais morar no Alasca. A relação com a namorada havia terminado e ele estava com vontade de trabalhar na mesma empresa, mas na Filadélfia. E aí ele fez, semanas depois, o que me disse que iria fazer: colocou sua bagagem, seu gato e suas tralhas esportivas no carro e saiu do norte do Alasca, cruzou o Canadá, até chegar aos Estados Unidos, especificamente a Filadelfia. Viajou durante 10 dias e chegou à matriz da

> Um dos erros dos pais – e chefes – que mais causam estragos nos filhos – e nos funcionários – é a interferência prematura.

empresa tão lúcido e decidido que a resposta do diretor não só foi positiva, como também rápida. Ele foi aceito na hora.

Meu caçula aprendeu que a carreira é algo que pode mudar e que é possível reorientar o caminho e alterar a rota. Como um cavaleiro que comanda seu cavalo, saltando quando é possível saltar, galopando quando o campo está livre e reduzindo a marcha no terreno pedregoso, podemos conduzir nossa vida profissional como pretendemos. Para nós, pais, deve ficar claro que os filhos não são cópias do que somos nem projeções mais bem-acabadas da nossa essência. Eles precisam fazer as próprias escolhas e ser estimulados e acolhidos nessa hora.

Um dos erros dos pais – e chefes – que mais causam estragos nos filhos – e nos funcionários – é a interferência prematura. Sem saber dos fatos direito, a pessoa já vai criticando o pupilo por qualquer escolha ou ação. Essa atitude afeta a autoestima e atrapalha os próximos passos desse indivíduo. Como é possível andar com a cabeça erguida e o corpo ereto (postura corporal dos vencedores) quando há alguém tocando no seu ombro o tempo todo? Para lembrar que você está pisando errado, que pode tropeçar, que precisa olhar mais para o chão? Isso já não é mais cuidado; é controle excessivo que leva à humilhação.

22
Nunca diga que está "atrás de novos desafios"

Não porque seja ruim perseguir desafios – o interesse pelo novo demonstra curiosidade, ousadia, características muito valorizadas no mercado de trabalho. O que é ruim é a própria expressão. Repetida insistentemente, tornou-se lugar-comum no jargão corporativo. Virou um mantra (e uma desculpa pouco eficiente) de quem não sabe o que falar na hora da entrevista do emprego. Ao pronunciar essa frase gasta, você estará falando que não tem um objetivo profissional e que sua carreira não é importante: qualquer coisa nova pode ser atraente. Sim, porque pode ser um desafio para um engenheiro, por exemplo, uma vaga no setor de controladoria. Mas será que é isso que ele quer? Você deve ser claro com as pessoas sobre o tipo de emprego que está procurando. Se não estiver completamente decidido, é perfeitamente aceitável ter várias alternativas. Mas, se não puder ser mais específico, talvez ainda não esteja pronto para iniciar o processo de networking.

É uma felicidade quando sabemos o que queremos e temos consciência do nosso valor. Conseguimos vender o peixe de maneira admirável. E tenha certeza: isso não tem nada – nada mesmo – a ver com arrogância. Ao contrário. Tem a ver com autoconfiança e leveza interior, que mostra autorrespeito, desprendimento. Quando estou diante de um candidato que passa essa certeza, tenha ele a idade e a experiência que for, me sinto contemplado – por conhecer uma pessoa que acredita em suas potencialidades e luta pelo que acredita.

Aos 26 anos, casado e com minha esposa grávida do nosso primeiro filho, vi que precisava fazer um mestrado para alavancar minha carreira. Estava no Citibank e pedi uma licença de dois anos, sem remuneração, para fazer o curso. Fui para a Bowling Green, comecei o curso, mas vi que precisava de mais conhecimento. Decidi ir para Chicago estudar na Northwestern University, uma das mais renomadas na área de administração, meu foco. Como não tinha dinheiro para pagar a faculdade, tive a ideia de procurar um banco e me apresentar. Depois de alguma pesquisa, cheguei ao Harris Bank, de Chicago. Lembro-me do diálogo com o diretor de Recursos Humanos:

> É uma felicidade quando sabemos o que queremos e temos consciência do nosso valor.

– Quero que o banco me dê um bom emprego e me financie o MBA.

– Mas nós só patrocinamos candidatos que já têm um MBA. Por isso, o MBA Training Program é destinado a jovens que já concluíram um MBA.

– Mas vai valer a pena vocês me patrocinarem, tenha certeza disso.

O diretor não deu a resposta na hora. Deve ter ficado atônito com minha petulância e disse que iria pensar. Mas eu saí de lá achando que o havia convencido. E não é que, na mesma semana, recebi à noite – mais precisamente às 23h30 – um telefonema em casa? Era do próprio diretor de RH do Harris Bank, que apenas me disse: "Olha, eu não sei como e porque, mas vamos abrir uma exceção e bancar seu MBA." Posso dizer, sem modéstia, que eles não se arrependeram. Eu tive o melhor desempenho do MBA Training Program e fui admitido como trainee e logo como analista financeiro. Dois anos depois, já viajava ao Brasil para representar o Harris Bank, como vice-presidente adjunto, e fui nomeado vice-presidente do Harris Bank em seis anos.

Os gestores e líderes podem "comprar" um candidato porque o conhecem ou porque ele foi recomendado por alguém de sua confiança, entre outros motivos, mas uma das razões mais fortes – e que provoca o desempate no caso de duas pessoas com as mesmas qualidades – é aquela que envolve expectativas futuras. Se eles acharem que você tem muito a oferecer para a empresa (em termos de ideias inovadoras, garra, contatos, capacidade de trabalho, informações), fique tranquilo: eles vão contratar você.

23
Aprenda a falar de dinheiro

Muitas vezes, deparo com executivos que, ao se sentarem para uma conversa sobre recolocação, oportunidades e salários – quando precisam justamente se vender, falar de si próprios, de suas carreiras –, fecham-se em copas. De paletó, gravata e braços bem cerrados, passam a imagem de insegurança e medo. É curioso e chega a ser engraçado. Por que um profissional adulto teria vergonha de falar de sua carreira, de sua história? E por que esse bloqueio ao falar de dinheiro?

Não sei se isso tem a ver com o complexo da mão branca, dos tempos da escravidão. Naquela época, o brasileiro branco sequer tocava em dinheiro; só o escravo é que o fazia. O dinheiro era considerado algo sujo, símbolo de leviandade, coisa menor e relegada às classes inferiores. Ao longo da história do país, isso deve ter ficado registrado no DNA cultural de seguidas gerações de brasileiros, especialmente dos que têm mais de 40 anos. Os jovens, parece-me, estão mais objetivos nesse assunto.

É muito importante saber falar com objetividade sobre quanto você deseja receber naquela função, qual salário imagina ter daqui a cinco anos, suas expectativas sobre a política de remuneração da empresa. Como também é essencial valorizar as próprias qualificações – isso pode parecer arrogante para alguns, mas o fato é que a pessoa que não fala com naturalidade de seus atributos dificilmente transmite segurança e credibilidade.

O assunto "dinheiro" não pode ser um tabu. Assim como você não deve aceitar a primeira vaga que surgir apenas para sair do atual emprego ou para fugir do desemprego, também não deve aceitar a primeira proposta de salário do empregador – especialmente se não for compatível com suas expectativas. Esse é o momento de se valorizar e de aprender a negociar.

> **Na hora de negociar uma remuneração, todo cuidado é pouco. É preciso manter as discussões salariais no nível impessoal, sem ansiedade e nervosismo.**

Será que existe uma "cifra ideal"? Depois de muitos anos de experiência com recrutamento e *outplacement*, constatei que é importante que se analisem três fatores: (1) as necessidades de renda líquida de cada profissional, (2) o valor das qualificações que o profissional tem; em outras palavras, o preço da experiência, do talento e das habilidades que ele construiu ao longo dos anos e (3) a realidade do mercado, isto é, o quanto determinada função vale no mercado profissional. Mas tão importante quanto definir as necessidades de caixa e o valor das qualificações para o mercado é considerar o quanto a posição vale para o empregador. Isso significa avaliar questões como "Minhas qualificações levarão o produto da empresa para o mercado mais rapidamente?", "Minha experiência permitirá à organização consolidar-se, expandir-se ou desenvolver-se em outro mercado?" e "Quanto vale isso?".

Se o empregador realmente precisa de você na empresa, fará o possível para lhe apresentar a melhor oferta dentro da sua estrutura salarial. Se a proposta for adequada, vale a pena aceitá-la, embora alguns especialistas sugiram uma negociação para atingir um valor ainda um pouco maior que o oferecido. Por outro lado, se o salário oferecido não for exatamente o que se esperava, é preciso avaliá-lo no contexto de um pacote de remuneração total, incluindo bônus e benefícios.

Na hora de negociar uma remuneração, todo cuidado é pouco. É preciso manter as discussões salariais no nível impessoal, sem ansiedade e nervosismo. E jamais desprezar ou fazer pouco-caso do pacote de remuneração oferecido pela empresa. Você pode recusar a oferta com diplomacia e inteligência, sugerindo um tempo para que as duas partes pensem melhor. Se o empregador estiver mesmo de olho em você, deverá chegar a um valor compatível com suas expectativas. Mas há outra coisa: aprenda a ver além do pacote financeiro. Muitas vezes, uma excelente oportunidade de carreira não vem acompanhada de uma pomposa remuneração inicial.

24

Seu currículo é o melhor cartão de visitas

Qual é a maior arma que um profissional em busca de melhor colocação pode ter? Tirando a boa qualificação, que parece óbvia, o fato é que qualquer busca de emprego pode tornar-se ineficiente sem um currículo adequado.

Não importa o motivo para a recolocação profissional, mas a questão é que o currículo existe para gerar entrevistas – e, para que a pessoa seja bem-sucedida nessa tarefa, deve estar atenta aos seis segmentos que o compõem: cabeçalho, posicionamento, resumo das qualificações, histórico da carreira, formação acadêmica e outras informações, tais como treinamentos e idiomas.

O posicionamento é vital, já que relata o que o profissional é e o que quer ser no mercado. No cabeçalho, nada de CIC ou RG. O currículo não deve ter mais de duas páginas, o que o leva a ser breve e conter apenas dados relevantes.

Mas a preocupação não deve resumir-se à confecção do currículo. Para que a busca seja efetiva e de qualidade, é importante seguir alguns passos. Avaliar o atual ambiente profissional é o primeiro. A importância dessa análise reside no fato de que o profissional deve familiarizar-se com o cenário global de sua profissão para poder estabelecer e atingir suas metas de carreira. Definir o objetivo profissional é o próximo passo. Só assim é possível direcionar a busca e estabelecer o estilo do currículo e de outras ferramentas de comunicação.

Traçar uma estratégia com a criação do currículo é a etapa seguinte. As qualificações e qualidades mais importantes do profissional devem fazer parte de sua comunicação verbal e escrita. O currículo deve dar sustentação ao objetivo, destacando as qualificações e as contribuições que podem ser oferecidas à nova posição.

Direcionado o foco da procura, é hora de definir e buscar informações sobre o mercado-alvo. Investir no networking (rede de contatos) é importante, mas sem uma pesquisa das empresas e dos ramos, a busca fica incompleta e frustrante. A postura do profissional também é fundamental. É preciso ser paciente e seletivo – não se deve aceitar a primeira proposta que surgir apenas para sair do atual emprego ou para fugir do desemprego.

> **O currículo não deve ter mais que duas páginas, o que o leva a ser breve e conter apenas dados relevantes.**

É importante aprender a valorizar as próprias qualificações – isso pode soar arrogante para alguns, mas a verdade é que quem não consegue falar de si mesmo com segurança e naturalidade, "vendendo" seus pontos fortes, dificilmente será bem-sucedido nas entrevistas.

25

Construa um banco de dados de empresas

Quem busca uma nova oportunidade no mercado de trabalho vai precisar de duas ferramentas básicas: materiais de apresentação e pesquisa. Os melhores materiais sobre sua carreira (currículo e cartas, por exemplo) acabam valendo muito pouco se você não definir um universo de organizações que possam ter uma posição atraente para o seu perfil. Por isso, é vital apresentar sua experiência a um público-alvo suficientemente amplo de empresas que possam estar interessadas em suas qualificações.

Atento a notícias sobre investimentos, projetos e mudanças em sua área e em seu setor, você pode construir um banco de dados de potenciais empregadores. Esse banco é elaborado com base em fontes de informação pública – desde a relação dos maiores grupos privados e os guias das indústrias de cada estado, até os anuários das principais câmaras de comércio, inclusive as internacionais. Por exemplo, o anuário da Câmara Americana de Comércio em São Paulo contém os nomes e endereços dos executivos de mais de seis mil empresas, catalogadas tanto por área como por ordem alfabética.

Nesse banco de dados, também é fundamental incluir os nomes, títulos, e-mails e telefones dos gerentes ou diretores das áreas que interessam a você, dentro das empresas listadas. E vale a pena sempre ficar atento ao mercado, seja pela leitura diária de jornais ou cadernos de negócios, seja pelo acompanhamento de blogs e sites de carreira, já que a mídia especializada mostra as empresas que estão expandindo e contratando, bem como publica anúncios que sinalizam as corporações mais bem-sucedidas (aquelas que mais anunciam denotam que estão crescendo e se expandindo).

Atento a notícias sobre investimentos, projetos e mudanças em sua área e em seu setor, você pode construir um banco de dados de potenciais empregadores.

A listagem estratégica de alvos adequados também deve incluir as consultorias de recrutamento, que trabalham para as empresas na busca de profissionais das mais variadas áreas e setores. Com essa *power list*, além de um currículo bem estruturado – breve, claro, bem escrito e vendedor –, você pode comemorar: as chances de conseguir uma boa oportunidade aumentam em 70% em relação a quem está saindo apenas com a cara e a coragem.

26

Na era do e-mail, invista em uma boa carta

Sim, em plena fase da comunicação instantânea, proponho que você escreva uma carta breve e muito benfeita e a envie para seu alvo. Pelo correio, com selo. Pode acreditar que a velha missiva ainda funciona. Especialmente quando o contato é de alto nível – quando o destinatário é, por exemplo, o presidente ou o diretor da empresa desejada.

Não é por outro motivo que, na Mariaca, grande parte dos primeiros contatos ocorre por cartas. Como buscamos colocações para executivos no Brasil e no exterior – temos um banco de 20 mil empresas entre as mais importantes do mundo –, a comunicação por carta é, seguramente, o meio mais eficiente e profissional. Nela, você descreve seu objetivo e suas qualificações de forma mais abrangente e demonstra que teve cuidado especial com o destinatário. A mensagem clara, a assinatura, a qualidade do papel e do envelope, todos esses detalhes palpáveis tendem a impressionar positivamente o leitor. A carta é ideal para o primeiro contato. A partir de então, é usual trocar e-mails e telefonemas.

Isso pode variar de área para área, de mercado para mercado. O meio publicitário e o setor de comunicação são mais informais, enquanto a área jurídica não dispensa os rapapés... Mas a carta, que já foi um importante símbolo para gerações como a minha e hoje está deixando de existir entre os jovens, acho que sempre terá seu charme, suas particularidades e sua função.

Ao longo de minha carreira, muitas vezes telefonei para a empresa-alvo e perguntei o nome do gerente da área que eu desejava contatar. Com o nome da pessoa na mão, escrevia uma carta em que me apresentava e contava sobre meus ideais com a empresa. Mas não é só isso. Eu deixava transparecer naquelas linhas meu entusiasmo com a ideia de trabalhar ali. E isso funciona, porque a mensagem é captada também pelo canal da emoção. Quando decidi fazer uma pesquisa de companhias com negócios no Brasil, tive o cuidado de escrever na carta que conhecia muito bem o país – eu já havia trabalhado aqui duas vezes, com o Citibank e com o Harris Bank – e também comentei minhas conquistas, como a de que fui o mais jovem vice-presidente de banco no Harris Bank. Essa carta foi multiplicada em três mil cópias devidamente distribuídas, eu recebi 15 boas ofertas e, entre elas, escolhi trabalhar na Black & Decker, como diretor geral no Brasil. Foi um caso de planejamento e estratégia que deu certo.

> **Até que o outro lado se sinta seguro e confortável para responder, será necessário investir em uma comunicação clara, objetiva e de qualidade.**

Quando você envia uma carta, dá para saber se ela foi lida ou não. Você confere com a secretária o recebimento e ela mesma às vezes se encarrega de agendar com o diretor uma entrevista ou reunião. Já os e-mails são cegos. São raros os CEOs e diretores que mantêm sua caixa de entrada aberta e compartilhada com a secretária. Às vezes, a secretária sugere que o candidato envie o e-mail com cópia também para ela: essa é uma solução inteligente para que a mensagem seja lida e respondida. É por isso que, quando ouço candidatos desesperados com a resposta rápida da empresa – "Eu entrei em contato com o banco tal, mas até agora não houve resposta alguma", eles dizem, desanimados –, esclareço que, na verdade, eles não "entraram em contato" com a empresa. Apenas enviaram um e-mail. E há uma diferença enorme entre fazer um contato real com uma organização e enviar uma mensagem pela internet. Será preciso confirmar o recebimento do primeiro e-mail, enviar outro, tentar um contato telefônico, quem sabe até enviar uma carta. Até que o outro lado se sinta seguro e confortável para responder, será necessário investir em uma comunicação clara, objetiva e de qualidade. Claro, sem ser insistente e desagradável; caso contrário, corre-se o risco de colocar tudo a perder.

Aqui vai um lembrete: não desanime se a pessoa não responder à carta ou ao e-mail em seguida ou não atender ao primeiro telefonema. Tente mais uma vez. O tempo é muito diferente para quem está empregado e para quem não está. O primeiro pode estar em uma situação de tamanha pressão e correria, por causa de prazos apertados, que nem vê os dias passarem. O segundo, à espera de respostas, pode achar que as horas e os dias não andam. Ou que fez algo errado porque a pessoa não respondeu – às vezes, o destinatário sequer leu seu e-mail. Infelizmente, com o grande volume de informação gerado pela internet, isso acontece. Por isso, é preciso insistir mais uma vez. E, quando possível, escrever uma carta. Pode acreditar que essas linhas, quando bem escritas e endereçadas à pessoa certa, no momento certo, só têm a ajudar!

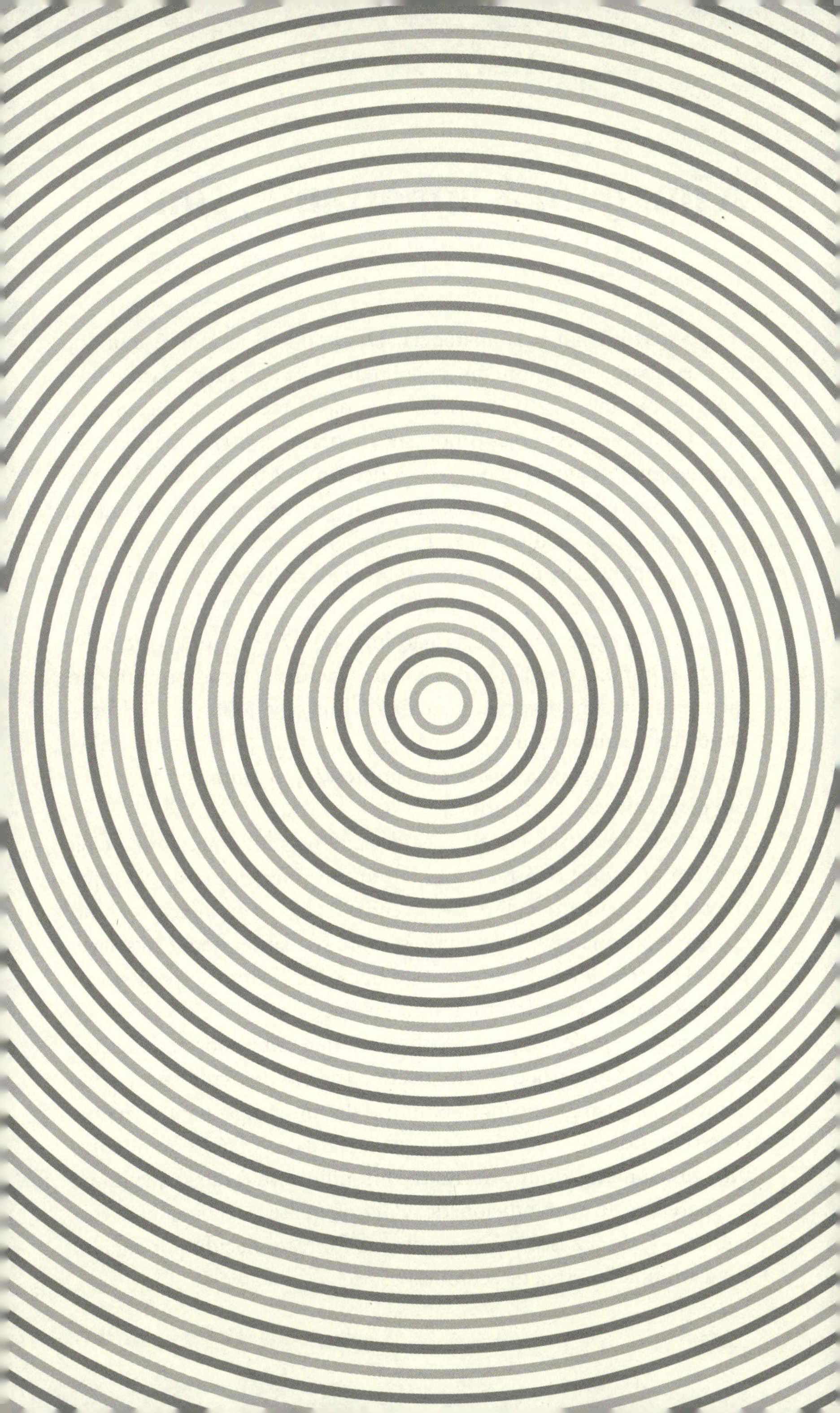

27
A imagem é importante, sim!

As pessoas julgam pela aparência. Desde que o mundo é mundo, elas se olham, se examinam, se comparam e se avaliam. Isso é humano e inevitável: os homens das cavernas já mediam força comparando seus tacapes; hoje, o homem moderno confere, mesmo que inconscientemente, símbolos de poder como carros, músculos, relógios e aparelhos eletrônicos. As mulheres medem umas às outras e se entreolham analisando roupas, cabelos, maquiagem, sapatos e (essencial para elas, nunca entendi a razão) bolsas. Esse é um acessório valorizado no universo feminino.

Quem diz que a aparência não importa não vive em sociedade. Tanto é importante que vários estudos científicos comprovam que uma primeira impressão é formada no breve período de 8 a 15 segundos. E, embora a imagem não seja constante, e é sempre variável, uma vez formada a primeira impressão, as futuras impressões são meras alterações da primeira.

Por essas e outras, é preciso cuidar da imagem, especialmente na fase em que você está tentando entrar em uma empresa. Não que depois você poderá negligenciar o cuidado com a aparência – como em um relacionamento, é preciso sempre se manter bem e desejável para o outro –, mas saiba que nesse início de "namoro" profissional a apresentação conta muito, muito mesmo.

Lembro-me de um caso peculiar, em que um importante diretor de empresa da internet, muito jovem e trajado de maneira exageradamente informal, chegou à empresa de um amigo para se reunir com o presidente. Pediram a ele que aguardasse e, nesse momento, uma funcionária administrativa o confundiu com o rapaz que limpa os aparelhos de ar-condicionado. Pois ela quase o colocou para trabalhar, só não fez isso porque o diretor foi reconhecido por alguém e encaminhado à sala de reuniões.

O caso é pitoresco, mas ilustra algumas das situações em que a informalidade exagerada interfere negativamente no sucesso profissional. Na verdade, nossa imagem profissional se mistura com a pessoal o tempo todo. É por isso que uma candidata a um emprego deve evitar o decote, por mais que ele valorize seus atributos e a deixe linda. Os homens são muito visuais e essa imagem vai lhes trazer uma impressão equivocada dessa candidata. No momento em que o entrevistador conversa com a candidata "decotada", ele vê a mulher, não a profissional. Precisa fazer um esforço enorme para se concentrar na candidata ao emprego; pode até pensar que terá alguma chance amorosa com ela... Exagero? As pessoas reagem de acordo com o que veem.

> **O que conta pontos? Higiene, discrição, classe e estilo.**

Assim, é uma enorme insensatez ir a uma entrevista de emprego com decote, salto muito alto, saia curta e justa e muitos colares e acessórios. É perigoso misturar sensualidade com elegância, sexo com poder. No ambiente profissional, a aparência deve ser o mais discreta e básica possível. Pode parecer curioso, mas detalhes aparentemente insignificantes, como a maneira de se vestir e de falar, podem ser decisivos na contratação ou não de um candidato. Os que contratam costumam ser cautelosos e rigorosos no processo de seleção, a fim de evitar perda de tempo, dinheiro e energia.

O que conta pontos? Higiene, discrição, classe e estilo. Um corte de cabelo moderno, para a mulher, é interessante. Já uma cabeleira muito armada ou fios em tons inusitados (rosa-choque, por exemplo) impressionam mal, como também depõem contra a maquiagem exagerada e o perfume forte. A postura ereta, um sorriso no rosto e o olhar direto são positivos para mulheres e homens. Para eles, uma coisa tão insignificante como o comprimento da gravata faz diferença. Estudos de percepção mostram que a gravata tem de chegar um pouco além do cinto. Cada centímetro que a ponta fica acima do cinto aumenta 1kg em equivalência visual de peso...

Aliás, o primeiro e mais delicado dos ingredientes da aparência é o peso. Em muitos casos, ele pode ser controlado – por disciplina, alimentação ou ginástica. É realmente duro quando existem (como de fato existem) problemas médicos que contribuem para a obesidade. Mas o fato é que muitas pessoas neste mundo são preconceituosas e a mensagem que transmitimos pelo excesso de peso é a de que temos um "problema" controlando nosso comportamento.

Especialmente para as mulheres, a cobrança é muito grande, constato nesses anos todos de experiência com *outplacement* no Brasil e lá fora. Elas carregam uma carga maior: têm de ser competentes, éticas, talentosas e profissionais. E também bonitas, bem-vestidas, magras, inteligentes, criativas. O mundo corporativo se torna injusto com a mulher. Em todo o planeta, contrata-se mais homem obeso do que mulher obesa. É como se, para elas, o crivo fosse mais rigoroso – sinal evidente do machismo que impera nas mais variadas culturas, como no Brasil.

Na verdade, a imagem profissional inclui cinco importantes elementos: a aparência visual, o que falamos, como falamos, o que fazemos e como o fazemos. O elemento mais delicado e sutil de nossa imagem é a aparência, mas também é essencial cuidar de todo o resto. Portanto, relaxe e mostre seu melhor. Com naturalidade, segurança, foco e autoestima, você poderá se vender da melhor forma, passando credibilidade, profissionalismo e eficiência.

28
Crie sua marca

Para se tornar um ganhador no competitivo mercado de trabalho, o profissional precisa criar uma marca própria – tanto para ser valorizado dentro da empresa quanto para, se precisar, ser conhecido no mercado de negócios, onde estão as novas oportunidades de carreira. Essa prática, chamada *branding*, requer esforço de marketing (que inclui posicionamento, promoção e até venda) e pode ser comparada a um lançamento de produto no mercado. A vantagem é que, nesse processo de descobrir talentos, reforçá-los e lapidá-los, a pessoa se conhece melhor e se prepara para vender de forma mais eficaz as próprias competências – dentro ou fora da empresa.

Na cultura brasileira, no entanto, há um desafio a ser enfrentado, que é o medo e a desconfiança que temos da autopromoção. É comum que o marketing pessoal seja confundido com malandragem, falta de ética, algo que as pessoas finas não devem fazer. Na verdade, o marketing pessoal pode e deve ser bastante suave e totalmente ético. O *branding* começa pelas seguintes questões:

- Quem sou eu profissionalmente?
- Quem eu quero ser no futuro?
- Em quais nichos posso me tornar realmente diferenciado, com valor especial?
- Quais cursos devo fazer e que experiências e competências devo ter para chegar a ser o profissional que pretendo ser?

Esse exercício é gratificante porque, com ele, assumimos o controle de nossa carreira e definimos metas e passos para crescer de forma proativa. Até porque, do mesmo modo que um produto de qualidade duvidosa não consegue ser vendido apenas pelo marketing que a empresa faz dele, uma carreira pode não deslanchar se não houver qualificação suficiente.

É possível, hoje, ser bem-sucedido sem lançar mão de marketing pessoal? Possível é, mas será uma tarefa bem mais trabalhosa. Fazer bom marketing quer dizer que você deve respeitar seu modo de ser e sua personalidade. De nada adiantará agir de forma semelhante à de um colega. Você precisa encontrar "sua" fórmula de se vender. No mundo corporativo atual, ter capacidade de executar tarefas de modo eficiente já não basta. É preciso que gerentes e diretores fiquem sabendo que você é amplamente habilitado para tal cargo.

Na verdade, o marketing pessoal pode e deve ser bastante suave e totalmente ético.

Na hora de procurar um emprego, algumas das estratégias de marketing também devem entrar em ação. Como fazer, por exemplo, para que seu currículo, que pode ser semelhante a outras centenas de perfis, chegue às mãos do executivo que contrata ou é responsável pela área de atuação que lhe interessa – aquele sujeito que decide quem entra na empresa? Melhor ainda: que esse executivo leia seu currículo e se interesse por você. Só existe uma alternativa: seu currículo precisa se distinguir dos demais. Para conseguir esse feito, pense em escrever uma carta de apresentação, que deve ser informativa, mas ao mesmo tempo carismática o suficiente para chamar a atenção. E, claro, você tem de colocar informações sobre sua vida profissional que se adaptem àquele cargo pretendido.

Por que é tão importante saber "com quem" se está falando? Porque há empresas que não escalam determinado funcionário para fazer a seleção, deixam a cargo do departamento de Recursos Humanos a contratação de novos funcionários. Assim, faça uma carta objetiva e explique por que suas qualificações fazem de você o candidato ideal. Com essa tática, seu currículo sobressai na pilha de documentos padronizados.

Antes de se dirigir a uma entrevista de emprego, procure conhecer dados importantes da empresa na qual quer trabalhar. Esse é um modo de se diferenciar dos concorrentes, de mostrar que você está muito bem preparado para atravessar aqueles momentos de prova. Para saber mais da empresa na qual você está pedindo emprego, leia relatórios anuais, familiarize-se com seus produtos e serviços, levante quem são seus principais concorrentes, faça pesquisas na internet.

Para não chegar na hora H e tremer, tente ensaiar em casa – se possível, repita em voz alta – tudo o que pretende falar sobre si mesmo no momento da entrevista. Memorize suas principais qualidades e alguns trabalhos importantes que já fez. Essa é uma tática que ajuda a relaxar, porque você vai mais consciente de que é capaz de conquistar o cargo. Outra maneira de se destacar é demonstrar o quanto você está entusiasmado por participar dessa seleção. Fique à vontade para fazer perguntas ao entrevistador sobre os planos estratégicos da empresa e a cultura corporativa ali empregada, sem, contudo, interromper enquanto ele fala. Acredite: você pode recusar uma oferta de emprego se achar que a proposta que estão fazendo não é conveniente para sua carreira. Faz parte do marketing pessoal saber negociar salários e benefícios. E eles devem ser diretamente proporcionais a seus conhecimentos. Antes de aceitar uma oferta para mudar de emprego, pesquise o quanto o mercado paga para aquele determinado cargo. Inclua nos benefícios seguro-saúde, cursos extras e reembolso de despesas de transporte. E não se sinta acanhado por perguntar quais serão suas chances de crescimento na empresa e em quanto tempo – pelo menos obtenha uma estimativa – ele se dará.

Em tempos de crise, nenhum profissional está imune a uma demissão, que é sempre inesperada. Mas você deve ter em mente que o fim de um emprego não é uma tragédia. Ao contrário, é o início de outro. Ainda que você oscile entre o estado de choque e a negação do problema, pense em quantas qualidades você tem e em quantas empresas gostariam de ter você. Analise bem as propostas de emprego que receber para não aceitar a primeira logo de cara. Pode não ser vantajosa em sentido algum – salário e cargo –, e você tende a dizer sim apenas porque está ao sabor das emoções. Mas cuidado ao recusar ofertas, principalmente se estiver ao telefone, porque você pode passar uma imagem hostil e isso não contribuirá em nada para sua carreira.

29
Antes da entrevista, estude o seu interlocutor

Uma entrevista é uma reunião de negócios como qualquer outra, mas contém uma diferença um pouco assustadora: quando estamos sendo entrevistados, somos avaliados – como pessoa e como profissional. Somos o "produto" da reunião. Quando uma reunião de negócios teve sucesso, nossa conquista com frequência deve-se ao fato de termos conseguido vender bem algum produto ou conceito ou proposta e, inversamente, quando fracassa a reunião de negócios, podemos racionalizar que foi devido a alguma falha, no produto ou até no próprio cliente. Mas, quando uma entrevista não teve sucesso, sentimos certa rejeição pessoal. Isso pode nos abalar, especialmente se não nos prepararmos antecipadamente para lidar bem com a avaliação e a possível rejeição.

Por isso é essencial estudar o outro lado da mesa com muita atenção. Pesquisar sobre a empresa a ser visitada e, às vezes, a própria pessoa que estamos visitando. Somente um louco entraria em uma reunião de negócios sem fazer primeiro um trabalho antecipado, sem um planejamento cuidadoso. No entanto, parece "natural" não fazer esse trabalho de garimpo e de pesquisa prévia quando vamos apresentar, como candidatos, nossas qualificações. Mas trata-se de um erro. É importante contar com bem mais do que a simpatia ou o carisma. É fundamental se preparar para a entrevista, treinar a conversa com o possível entrevistador, falar em voz alta das próprias qualidades e azeitar o discurso vencedor. Na ausência de um discurso coerente e fluido, pode-se correr o risco de falar demais sobre tudo que não se deve dizer, não falar tudo o que deveria ser explicado ou falar de forma inadequada de si mesmo.

Durante uma entrevista ou em qualquer outra reunião durante a qual você está sendo avaliado, é necessário focar nos princípios da boa comunicação. Transmitir competência funcional em sua área de atuação ou profissão, passar refinamento, polidez e – ao mesmo tempo – naturalidade, criar uma boa impressão sobre sua cultura geral. Na verdade, é importante aprender a falar de forma clara e direta, em um diálogo coerente, com início, meio e fim, sem ser prolixo e sem ser entediante, monocórdico.

> **É fundamental se preparar para a entrevista, treinar a conversa com o possível entrevistador, falar em voz alta das próprias qualidades e azeitar o discurso vencedor.**

30
Desemprego é condição temporária

Um dos maiores receios, se não o maior, de qualquer profissional é a demissão. Mesmo aqueles que se sentem insatisfeitos com os rumos da carreira na empresa não podem negar o desconforto da situação, já que uma avalanche de sentimentos parece assumir total controle sobre a mente e o corpo. Infelizmente, as reviravoltas na economia mundial criaram um ambiente propício a demissões, *downsizings* e reestruturações. Instaurada essa nova realidade, os profissionais puderam acordar dos sonhos de uma carreira eterna em uma mesma companhia. O drama da demissão passou a ser real: para ser demitido, basta estar empregado. Esse mundo novo foi responsável por uma mudança comportamental positiva em boa parte das pessoas. Com o cordão umbilical cortado, elas passaram a investir mais em suas qualificações para, assim como as empresas, se tornarem mais competitivas.

Muita gente que está desempregada se sente diminuída e rejeitada, como se carregasse uma placa no corpo como os dizeres: "Sou incompetente." Só que, hoje, o desemprego é, além de condição comum – infelizmente – e corriqueira, uma situação profissional como qualquer outra. Por mais que a pessoa se sinta insegura e amedrontada com o que está por vir, deve se esforçar para manter uma atitude positiva e otimista. O pessimismo acaba se tornando o inimigo número 1 do profissional que quer se recolocar no mercado de trabalho.

O que tem de ficar claro para quem passa por um processo de transição de carreira é que uma resposta negativa por parte do selecionador nada tem de pessoal. A decisão de não contratar alguém raramente é uma reação ao candidato como indivíduo. Há de se

> **A demissão pode oferecer fantásticas oportunidades para quem tem coragem, sensibilidade e visão aberta para o novo.**

considerar, ainda, a questão da qualificação. Muitos profissionais, na ânsia por um emprego, acabam batalhando por funções que não se encaixam em seu perfil e qualificações.

Essa fase de transição não deve ser vista como um período dramático, e sim como uma preciosa oportunidade de refletir, pensar e avaliar a vida, a carreira e os projetos pessoais. A demissão pode oferecer fantásticas oportunidades para quem tem coragem, sensibilidade e visão aberta para o novo. Quanta gente no mundo todo saiu de uma demissão para alavancar negócios bem-sucedidos, que fizeram história? Conheço incontáveis casos de pessoas que, desempregadas e diante da necessidade de reinventar a carreira, partiram para fazer coisas com as quais sonhavam antes – mas que eram relegadas por causa do emprego. Médicos que se tornaram donos de restaurantes de sucesso, engenheiros se tornaram comerciantes, comerciantes que se tornaram arquitetos, professores que se tornaram palestrantes... Reviravoltas positivas podem acontecer se a pessoa sabe tirar partido das adversidades.

O importante é usar esse tempo para se conhecer melhor, avaliar e planejar a carreira cuidadosamente, refletir sobre o trabalho e a vida, desenvolver-se pessoal e profissionalmente, prestar mais atenção aos aspectos não relacionados ao trabalho (como vida familiar, social, espiritual, pessoal e recreação), criando mudanças positivas na rotina e em seu estilo de viver.

Como o mercado de trabalho é cada vez mais seletivo, esse também é o momento para investir no aperfeiçoamento das habilidades e qualificações. Ler, estudar, participar de cursos e seminários, juntar-se a organizações ou simplesmente conversar com pessoas são atitudes que, no final, somarão muitos pontos. Ciente das qualificações e do perfil desejado para o cargo, o profissional deve assumir uma postura mais proativa – não há problema em indagar do selecionador o número de candidatos que concorrem à mesma vaga, ou mesmo o prazo para o término da seleção.

Não foi chamado? Não faz mal ligar para a empresa a fim de descobrir os motivos que levaram à contratação de outro candidato. Assim como há selecionadores sem disposição para responder, há aqueles que se mostrarão abertos a explicar os critérios de seleção. Esse feedback tem valor único para o profissional, pois o ajudará a desenvolver as características mais valorizadas pelas empresas. E o mais importante: siga em frente, sempre.

31

Seja persistente na busca do emprego

É um fato incontestável. A grande maioria dos executivos brasileiros, incluindo gerentes, diretores e presidentes, não saberia o que fazer se as circunstâncias os colocassem, de repente, do lado de fora do mercado de trabalho. A demissão ainda é um tabu para muitos profissionais – e a maior parte prefere ignorar ou fugir do tema a encará-lo de frente.

Mas a questão é que os índices de demissão são elevados e as frequentes fusões e aquisições de empresas têm gerado reestruturações em todo o mundo. Nos últimos 20 anos, o mercado de trabalho no mundo inteiro passou – e ainda passa – por uma revolução que só encontra precedentes na ocorrida no período da Revolução Industrial. Nesse cenário de tantas alterações, uma coisa é certa: no século XXI, não há nada mais constante do que a mudança.

Assim, uma situação de desemprego deve ser vista como uma condição temporária, transitória, da qual se sai mais rapidamente e melhor quando há esforço, persistência e alto-astral.

Os profissionais mais visionários não perdem tempo lamentando a mudança da maré, mas veem nela a chance de dar um novo rumo à sua carreira. Uma demissão pode alavancar várias oportunidades para quem mantém uma atitude positiva, inclusive uma mudança de área, de função e de profissão. O mercado está mais flexível e oferece aos mais qualificados novas opções, que, em alguns casos, podem até ultrapassar fronteiras entre países.

A Lee Hecht Harrison, empresa parceira da Mariaca e especialista em transição de carreiras, com 140 escritórios espalhados pelo mundo, tem com base para o *outplacement* um esquema muito interessante e eficiente, que adotamos na recolocação de executivos. Esse sistema pode ser usado por profissionais de qualquer área e inclui 10 etapas, que devem ser atravessadas como se fossem 10 marcadores de quilômetros na estrada que leva ao novo cargo. São elas: 1) observar seu campo profissional, no ramo e na região ou país em que deseja recolocar-se; 2) definir com clareza seus objetivos de profissão em termos de funções ou posições almejadas; 3) criar uma estratégia de comunicação, incluindo um excelente currículo e um "discurso de saída" coerente (explicando, de forma sucinta, a razão de estar mudando de empresa); 4) identificar as empresas-alvo para se recolocar; 5) pesquisá-las; 6) definir, especificamente se possível, quem são as pessoas-chave dentro de cada empresa, ou seja, quem detém o poder de contratar; 7) conectar-se com essas empresas e pessoas-chave por meio de contatos diretos ou indiretos (o chamado networking), cartas personalizadas ou e-mails; 8) considerar novas opções de procura por um novo cargo, incluindo serviços de consultoria de *outplacement* ou utilização de ferramentas na internet; 9) participar de inúmeras entrevistas e negociações com sucesso; e 10) ser escolhido e fazer uma boa transição ao novo cargo.

Enfim, é preciso seguir esses procedimentos e, sobretudo, agir com muita persistência. Uma recolocação executiva, quando muito bem planejada e executada, deve durar, em média, de três a quatro meses. Com frequência, no entanto, homens e mulheres com excelentes aptidões permanecem desempregados por muito mais tempo, simplesmente porque não podem ou não sabem como atravessar cada um desses 10 marcadores de quilômetros. A perseverança na procura por uma nova recolocação executiva é aquela antiga e trabalhada persistência que nos leva a qualquer sucesso, em qualquer outro projeto de vida. Hoje, todo profissional tem de ser persistente, pois o mundo mudou, a população aumentou, a competitividade acirrou e o cenário do trabalho requer muito mais competências. Quem é persistente, tem cultura e comportamento digno acaba demonstrando garra e coragem e um bom nível de autoestima – qualidades vitais para ser escolhido para ocupar um novo cargo de confiança.

> Uma recolocação executiva, quando muito bem planejada e executada, deve durar, em média, de três a quatro meses.

32

Desperte o líder que existe em você

Há questão de alguns anos, o funcionário que apenas obedecia às ordens do chefe era o comum, até o desejado nas corporações. Hoje, em mercados altamente competitivos, as empresas querem profissionais autossuficientes, multifuncionais e questionadores, que não sigam ordens de pronto. Eles questionam as "verdades" e não têm medo de discordar. Também sabem trabalhar bem com pessoas, ouvir e motivar a equipe. Em vez do "chefe", agora é a vez do "líder", aquele que equilibra competências técnicas e comportamentais para criar um time animado, criativo e também autossuficiente.

A liderança é uma característica que pode ser desenvolvida em qualquer fase da vida. Conheço jovens profissionais que, sem arrogância, estimulam equipes de diversas idades, reconhecendo em cada uma delas suas qualidades, como também vejo profissionais maduros que, depois de anos em funções subalternas, despertam como líderes experientes e carismáticos. Eles não apenas resolvem os problemas que lhes são confiados – vão além, porque colaboram para aumentar a motivação geral.

Ser líder é influenciar pessoas. E isso independe da idade, da função e do número de pessoas em volta. Um estudante pode ser um líder inspirador, assim como um chef de cozinha, um pequeno empresário ou uma mãe de família. Minha mãe era um exemplo de mulher que magnetizava as pessoas – naturalmente – à sua volta. Era uma líder nata.

O líder é seguro, não se sente ameaçado por pessoas talentosas e até mais capacitadas do que ele. Ao contrário, quer agregar e procura reunir gente com qualidades e *expertises* que ele próprio não tem. O objetivo é somar, inovar. Assim, consegue formar equipes que têm liberdade para criar e, por causa disso, crescem e se projetam. O sucesso dos outros só o estimula, porque ele é autoconfiante e generoso. Deseja que os integrantes de sua equipe também progridam, se tornem líderes e impulsionem cada vez mais a empresa e o mundo a melhorar.

> **Ser líder é influenciar pessoas. E isso independe da idade, da função e do número de pessoas em volta.**

Quando o ambiente da empresa é favorável a ideias novas, também favorece o crescimento de líderes. A corporação acaba se tornando uma incubadora de talentos criativos e inovadores. Eles surgem com mais força e vigor nos lugares em que não há competição interna, medo e brigas políticas (essas mazelas acabam com a criatividade e a autonomia). Na Mariaca, temos como regra deixar os talentos aflorarem em qualquer área, departamento ou hierarquia: pode ser a copeira, o estagiário, o gerente ou a diretora. A liderança não deve ser exercida apenas pelos profissionais em funções hierarquicamente superiores. Em todas as equipes, sempre haverá líderes, mas o ideal é que todos possam demonstrar traços de liderança, tenham tolerância em relação a erros e ambiguidades, adaptabilidade, abertura para o novo e facilidade para o trabalho em equipe, além de outras competências, como empreendedorismo e comunicabilidade.

Despertar o líder que existe – e pode estar adormecido – em você requer autoanálise, autoestima e uma grande dose de generosidade. Com você e com os outros. Com você, porque irá precisar encarar o fracasso como oportunidade e chance de aprendizado. Os maiores líderes do mundo erraram algumas vezes. Não foi na segunda ou na terceira tentativa que acertaram. Mas enxergaram o erro como alavanca para tentar ainda mais uma vez. Se fossem inflexíveis, não chegariam lá. E a generosidade igualmente é importante com as pessoas à sua volta, para ouvi-las, conhecê-las, deixá-las à vontade para criar e tirar partido de suas qualidades. Também é essencial ativar o *modus* "mudança" dentro de você. A quantas anda essa capacidade de inovar e transformar as coisas? Quem é muito metódico e conservador tem mais dificuldades de assumir essa nova e desejada liderança que as empresas querem. Outra característica essencial é a paixão pelo que se faz. Sem ela, não há truque para dar certo. É importante, sim, gostar do trabalho, do ambiente e da vida que você leva. Só assim você vai virar um farol que ilumina, inspira e se transforma em uma espécie de guia para as pessoas.

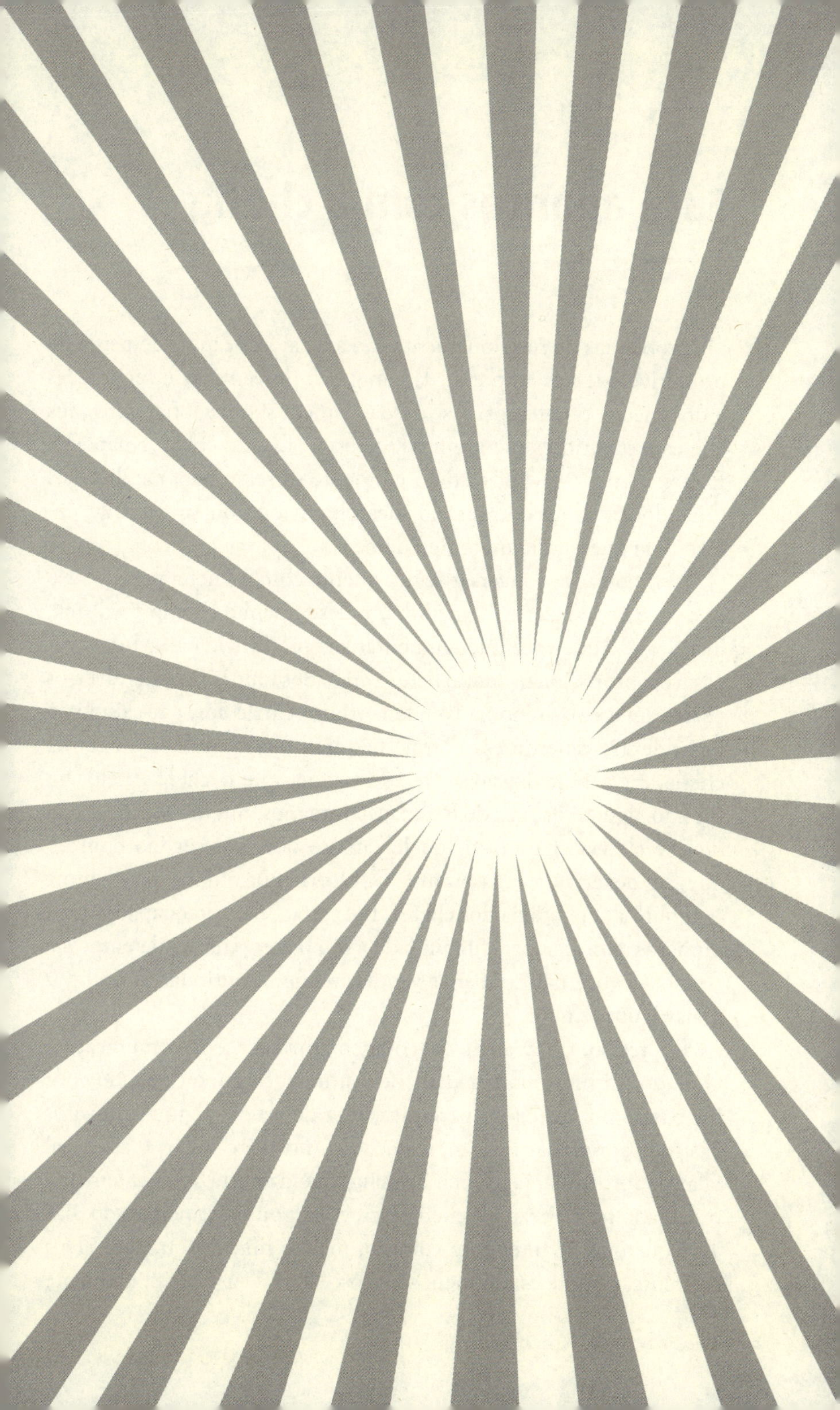

33
Faça alianças com a chefia

Os problemas de relacionamento são as maiores causas de perda de produtividade nas empresas. E, em geral, provêm das inseguranças e dos medos que temos. As pessoas temem se relacionar com seus chefes e superiores hierárquicos, como se fossem "bichos-papões". E esse monstro que elas criam na mente só serve para paralisá-las. Quando resolvem enfrentá-lo, descobrem que ou se trata de um inseto ou que perderam tempo demais.

É importante conversar regularmente com o chefe, perguntar o que você pode fazer para melhorar o desempenho e pedir feedback, justificando que você quer aumentar sua produtividade. Muitas vezes, vejo profissionais muito bem preparados, que já fizeram diversos cursos em escolas renomadas e têm ótimos currículos, não saindo do lugar dentro da empresa porque não têm boa comunicação com a chefia. Esse funcionário às vezes imagina que o chefe direto, ou mesmo alguém da área de Recursos Humanos, um dia se dará conta de que ele está há anos naquele cargo e que, por ser tão bom no que faz, deveria ter uma promoção. Ocorre que o dia a dia costuma "engolir" a perspicácia dos chefes. Eles estão mais preocupados com números, com maior rentabilidade, com o crescimento da empresa. Então, se você não souber se vender, tende a continuar imóvel por mais algum tempo.

É preciso, para além da coragem, investir em comunicação. Quando surgir a oportunidade de um novo cargo, ou quando você for passar por avaliação periódica, tem de reunir alguns requisitos básicos para causar boa impressão. Em primeiro lugar, é essencial falar de forma clara e direta. Se achar que não está suficientemente preparado para encarar o chefe, escreva os pontos principais do diálogo que quer manter com começo, meio e fim. Assim, você já sai na frente, porque estará menos ansioso. Não seja prolixo, não tente impressionar com palavras difíceis; use um vocabulário simples. E demonstre, especialmente, que está entusiasmado com a chance de mudar de cargo.

Quando estiver falando, olhe nos olhos do interlocutor e, se possível, sorria. Evite olhar para baixo ou para os lados – sinal de que é excessivamente tímido e de que não consegue encarar alguém com poder. Interromper o interlocutor é um erro. As pessoas devem aprender a ouvir – e com atenção. Até para que possa responder à próxima pergunta com eficiência. Ainda que uma ou outra pergunta seja inesperada ou mal formulada, evite demonstrar irritabilidade ou impaciência, porque estados como esses transmitem desequilíbrio emocional. Não use o plural majestático para falar de si mesmo – "fomos promovidos ao posto tal". E combata o excesso de pronome pessoal – "eu" – ao contar suas conquistas dentro da empresa. O ideal é falar de suas realizações em tom natural, para que o chefe chegue à conclusão de que você é, de fato, bom e a melhor opção para ele.

> **O importante é não enxergar o bom relacionamento com superiores como sinônimo de fraqueza ou puxa-saquismo.**

Mas, mesmo no dia a dia, sem que você tenha em mente qualquer mudança de cargo ou de salário, mantenha o hábito de conversar com seu chefe de forma espontânea e natural. Você pode e deve fazer aliança e exercer uma política de boa vizinhança, sem ser bajulador ou falso.

Há pessoas que parecem ter nascido com o dom da política organizacional – elas conseguem agradar o chefe como ninguém mais. Em vez de torcer o nariz para esses profissionais, pare, avalie e tente aprender alguma coisa nova. O importante é não enxergar o bom relacionamento com superiores como sinônimo de fraqueza ou puxa-saquismo. Não é novidade que ter uma boa comunicação com o chefe é importante para o sucesso profissional. Portanto, não há mal algum em conhecer a missão da empresa e os interesses das pessoas a seu redor, inclusive – e principalmente – do seu chefe.

34

Valorize seu salário

Falar sobre salários é sempre delicado. Os próprios profissionais evitam comentar valores com os colegas, ao mesmo tempo em que reclamam da baixa valorização monetária dada pelas empresas a seus esforços. Sempre achamos que merecemos mais – e não há mal algum nisso. Pelo contrário, devemos nos valorizar como profissionais, mas também devemos "mostrar serviço", ou seja, mostrar que somos capazes ao desenvolver projetos e tarefas com destreza e competência. Mas há situações extremamente delicadas que exigem cautela por parte da empresa e do profissional.

Quem nunca reclamou de receber menos que o companheiro de trabalho que exerce as mesmas atividades em uma mesma função? Essa situação pode desmotivar os profissionais, principalmente os melhores talentos, e, para evitar esse tipo de conflito, as consultorias de recursos humanos estão começando a montar planos de remuneração por competência. Isso significa que, para um mesmo cargo, o salário pode variar conforme a lista de competências individuais dos profissionais. Portanto, antes de reclamar do salário do colega, devemos fazer uma autoavaliação de nosso próprio trabalho – será que concluímos as tarefas no tempo determinado? E como anda a produtividade? O que pode estar determinando a diferença salarial é exatamente a produtividade...

Uma pesquisa realizada pela Andersen Consulting, com 160 empresas, mostra que o salário funcional, baseado em cargos, ainda é o mais adotado: 80% das companhias assumiram o uso dessa política. Embora o número seja pequeno, apenas 4% das empresas a adotam, e a remuneração por competência começa a ser vista como a prática salarial mais justa para ambos os lados – empresa e profissionais. Entre as adeptas, estão Sabesp, Volvo, Copesul e Fundição Tupy.

> **Planos de carreira e de vida bem definidos ajudam a definir o patamar de remuneração que pretendemos alcançar.**

Independentemente do critério adotado pela empresa para recompensar seus funcionários, negociar salários é uma atividade que causa arrepio e desconforto em muitos profissionais. Não deveria. É legítimo e importante cuidar da remuneração financeira. No Brasil, os assuntos que envolvem dinheiro ainda são cercados de mitos e tabus. Na Europa e nos Estados Unidos, as pessoas são bem mais objetivas e simples para decidir sobre o quanto querem e devem ganhar.

Esse tipo de negociação requer clareza nos objetivos. Planos de carreira e de vida bem definidos ajudam a definir o patamar de remuneração que pretendemos alcançar. Mas é importante frisar que, para cada situação, uma abordagem específica é necessária. Se estivermos enfrentando um processo de contratação, precisaremos deixar claro ao contratante quais vantagens a admissão trará para a empresa e, a partir de então, negociar um salário adequado aos projetos que iremos conduzir. Atitude semelhante não poderá ser adotada quando o que estiver em discussão for uma promoção, por exemplo. De qualquer maneira, o que deve imperar em qualquer situação de negociação salarial é o bom-senso.

Muitas novidades no que se refere à remuneração têm surgido nos últimos anos, como a participação nos lucros. As empresas tentam cativar seus melhores talentos com pacotes atraentes de benefícios, o que não significa que isso levará à satisfação plena de suas equipes. Mas fica a mensagem: maior produtividade, dedicação e constante empenho em aprender podem significar maiores ganhos.

35
Drible os chefes inseguros ou egocêntricos

Eles não são fáceis e podem prejudicar os subordinados – especialmente os melhores do seu time. Os chefes inseguros e egocêntricos ofuscam o brilho dos profissionais mais talentosos, porque enxergam neles (às vezes, inconscientemente) uma grande ameaça a seu poder. Na vida real, as situações em que o ego e a vaidade dos chefes se sobrepõem ao brilho dos melhores profissionais são muito comuns, mesmo na era em que liderança, trabalho em equipe e retenção de talentos são palavras de moda.

Isso não deveria surpreender ninguém, uma vez que a maturidade emocional não é requisito para alguém se tornar chefe. Ao contrário, muitas vezes as pessoas mais disciplinadas, dedicadas e inteligentes, ou aquelas que souberam conquistar posições graças à habilidade de lidar com a intrincada teia política da empresa, são exatamente as que menos desenvolveram equilíbrio emocional ideal. Aliás, em algumas empresas, ser egocêntrico é quase um requisito para progredir na vida profissional.

Felizmente, isso não é regra e o bom-senso é o que prevalece. Como presidente da Mariaca, eu jamais contrataria alguém com essas características – egocentrismo, arrogância, vaidade exacerbada exagerada – para qualquer cargo, muito menos para um posto de direção. Mas se você trabalha com alguém assim, o que fazer? Como lidar com um chefe que se incomoda quando vê um subordinado que se destaca demais? Como encarar um chefe que rouba o crédito de sua ideia, reduz sua autoestima, reprova seus projetos, negando a promoção para um novo cargo ou delegando para outros seu projeto mais sonhado?

Bem, existem alguns conselhos-chave para sobreviver a essas situações. O primeiro é não confrontar um chefe inseguro em público – isso pode ser extremamente perigoso, pois aguça sua insegurança. Fale sobre suas ideias reservadamente com ele antes de discuti-las em público. Também é inteligente compartilhar o mérito de suas melhores ideias com ele – aí, sim, em público – solicitando sua opinião, e tornar-se, dentro do possível, um aliado dessa figura. As pessoas inseguras e egocêntricas costumam se sentir muito sozinhas e podem, portanto, valorizar uma atitude aliada.

> **Relacionamentos em geral são complicados, e o que deve ficar claro é que não há garantias de que no próximo emprego um chefe dos sonhos cairá do céu.**

Não exagere nos elogios, pois o egocêntrico não é necessariamente bobo e, ao perceber elogios exagerados, pode sentir-se manipulado. E muito importante: respeite a própria dignidade: nunca permita que alguém o maltrate, nem em público nem a portas fechadas. Quando um chefe egocêntrico torna-se inconveniente ou desrespeitoso, fale com ele primeiro, mas se necessário procure outros aliados dentro da organização, até falando com o chefe do próprio chefe – às vezes, é uma última tentativa, antes de mudar... para um novo emprego.

Um bom ambiente de trabalho, liderado por um profissional que saiba conduzir com maestria sua equipe, é fator-chave para garantir a permanência dos profissionais, sem falar que é o ponto de partida para garantir maiores índices de produtividade da equipe. De maneira geral, manter a linha de comunicação sem ruídos pode ser um passo importante para o entendimento e a integração da equipe.

Há casos em que os profissionais reclamam da falta de clareza do superior na hora de delegar tarefas. Para evitar desencontros, se uma informação não ficou clara, por que não esclarecê-la? Nos casos mais sérios como aqueles em que há real temor por parte do chefe em ser superado pelo funcionário, um diálogo franco também pode ser a saída. Obviamente, o profissional tem de ser cauteloso para evitar que o que poderia ser a solução se transforme em sua ruína.

Relacionamentos em geral são complicados, e o que deve ficar claro é que não há garantias de que no próximo emprego um chefe dos sonhos cairá do céu. Portanto, antes de decidir se demitir por causa de um chefe inseguro ou egocêntrico, aposte suas fichas na melhora da comunicação e do relacionamento entre vocês. Afinal, muitas vezes o emprego atual é a melhor oportunidade de crescimento de uma carreira.

36
Cuidado com o abuso moral

O abuso moral, apesar da crescente divulgação da mídia, ainda é uma prática difícil de detectar, assim como acontece com questões raciais e sexuais. As vítimas desse assédio costumam ter reações previsíveis: em vez de delatarem o abuso, se sentem culpadas e se indagam sobre o que estão fazendo de errado. São profissionais que, com o tempo, acabam se tornando figuras fáceis de manipular, explorar e controlar – um prato cheio para algozes prepotentes, que adoram exercer seu poder por meio de injúrias e pressões de todos os tipos.

O principal fator que torna o abuso moral mais indefectível é a forma como é manipulado. Antigamente, era possível culpar as reações de fúria de um chefe, mas, hoje, formas sutis são mais usadas. Isolar um funcionário, deixá-lo sem nada para fazer ou sobrecarregá-lo com tarefas inúteis são atitudes que arruínam a saúde mental de qualquer profissional, ao mesmo tempo em que minam seu futuro dentro da empresa.

Qualquer um pode sofrer com esse tipo de agressão, mas as principais vítimas são as mulheres. Recentemente, caiu-me nas mãos um estudo muito sério que me deixou preocupado. Trata-se de uma pesquisa feita com cerca de 2.000 funcionários de 97 empresas de São Paulo. O resultado é assustador: 42% dos entrevistados afirmam ter vivido histórias de humilhação no ambiente de trabalho. Desses, 65% são mulheres e 29% são homens.

É imprescindível deixar claro que ser ignorado por um colega de trabalho ou pelo chefe, ou ainda levar uma bronca, não significa, necessariamente, que há um abuso moral. O problema reside no comportamento intimidador, persistente e abusivo, detonado com o único objetivo de deixar a pessoa humilhada, chateada e aterrorizada. Outro ponto a esclarecer: o assédio moral pode ser praticado por chefes ou colegas de trabalho, pessoas de qualquer escalão.

Algumas pesquisas traçam o comportamento padrão do algoz. Entre as principais táticas adotadas, destacam-se a "mania" de culpar os outros pelos erros e a de fazer exigências sem sentido. Há também certa tendência a cometer delitos, como roubar os créditos profissionais dos integrantes da equipe, além de viver criticando a habilidade profissional dos colegas.

Os assediados não são os únicos que perdem. As empresas também são afetadas, já que há queda na produtividade de funcionários e as vítimas preferem faltar ao trabalho como meio de evitar o chefe ou acabam pedindo demissão. Então, como resolver essa questão? Do lado legal, não há muitos recursos. Apesar de ser possível processar o chefe, a legislação brasileira sobre o assunto ainda é escassa e não oferece muitas alternativas.

> Apesar de ser possível processar o chefe, a legislação brasileira sobre o assunto ainda é escassa e não oferece muitas alternativas.

A melhor solução é buscar ajuda e contar com a compreensão e o apoio dos parceiros de trabalho e dos familiares. Caso o profissional queira mover uma ação contra o chefe, é importante reunir provas que relatem os casos de assédio moral. Contar com a presença de um colega sempre que for falar com o tirano é uma boa medida.

Se o funcionário em questão é talentoso e confia nas próprias habilidades, é importante se indagar até que ponto vale a pena sacrificar seu sucesso profissional e sua saúde mental em nome de uma figura tão autoritária. Se a empresa na qual trabalha não oferecer medidas de punição ao assediador, você deve buscar uma oportunidade de crescimento em outra que compartilhe seus valores.

Numa decisão inédita da justiça brasileira, recentemente uma profissional recebeu de seu antigo empregador R$50 mil por assédio moral. De acordo com a ex-funcionária, ela e mais um grupo de colegas passaram por inúmeras humilhações, como serem transferidos para um local sem cadeiras, sendo a única solução sentar sobre latas de lixo. O assédio passou a ser exercido quando eles se recusaram a participar de um PDV (Programa de Demissão Voluntária). Casos como este mostram que os profissionais estão mais conscientes de seus direitos, e a justiça, felizmente, está mais justa.

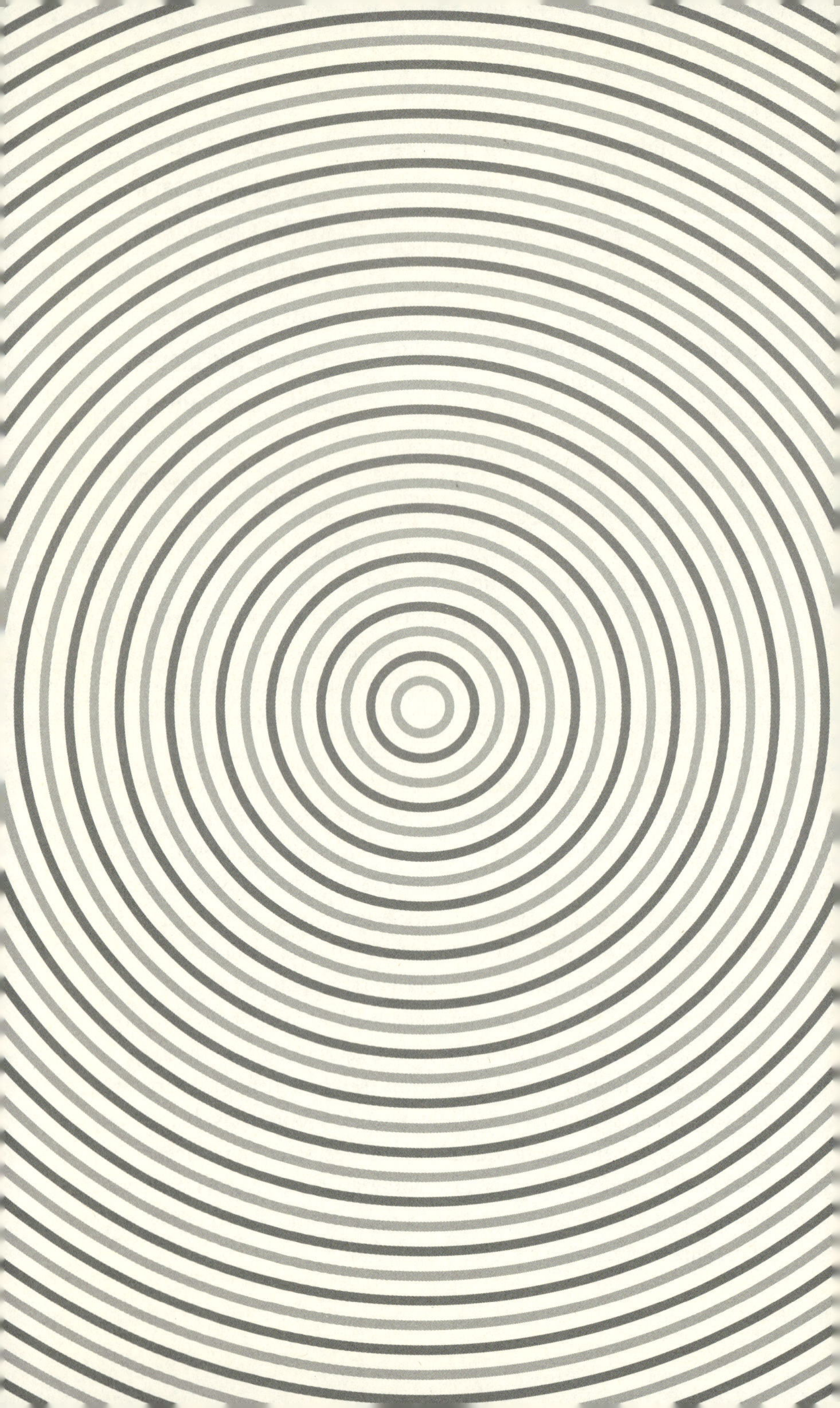

37

Se você está descontente, mexa-se

O despertador toca às seis da manhã e você rola de um lado para o outro tentando encontrar forças para sair da cama? Imaginar que nas próximas horas estará sentado em frente ao computador desenvolvendo tarefas rotineiras é o suficiente para deixar você desanimado? Isso não é um bom sinal, ou talvez seja um indicativo de que falta motivação em seu trabalho. Em inglês, há um termo que define especificamente essa condição – *burnout* –, e a desmotivação não é o único sintoma. Soma-se a ela a sensação de estar encurralado, de não conseguir encontrar uma solução para o problema.

A boa (ou má) notícia é que você não está sozinho: qualquer profissional, em algum momento de sua carreira, já se sentiu ou sentirá assim. A grande questão é saber há quanto tempo você se vê preso nessa situação. Esse sentimento não nasce do dia para a noite, embora não seja difícil detectá-lo logo no início. As perspectivas, no entanto, não são nada animadoras: se não tratada, essa "doença" pode se alastrar para sua vida particular, consumindo o pouco de energia que lhe resta.

Esperar que a empresa em que trabalha ou seu chefe faça algo a respeito é uma atitude ultrapassada que servirá apenas para arruinar sua carreira. O profissional que se destaca no mercado de trabalho é aquele que assume as rédeas da própria carreira. Isso significa que, se você está insatisfeito, deve adotar uma postura ativa que o ajudará a reverter esse quadro.

Seu chefe não possui uma bola de cristal que o ajudará a descobrir o que está acontecendo. Você pode até dar indícios de que as coisas não andam bem, mas nada melhor que uma conversa franca para reorganizar sua vida profissional. Com muito tato e profissionalismo, exponha seus sentimentos em relação às suas atividades

> **Com muito tato e profissionalismo, exponha seus sentimentos em relação às suas atividades e projetos.**

e projetos – mas não adianta levantar críticas sem sugerir soluções! Quem sabe a solução para seu problema não seja a transferência para outro departamento? Pois bem, para chegar a uma decisão sensata, é preciso uma bela dose de autoconhecimento.

Quais são suas habilidades? Quais atividades se identificam com seu perfil? O que você quer? Essas perguntas servem como um guia para que você possa definir um rumo para sua carreira. Afinal, não há decepção maior que exercer uma função que não permite o exercício de suas habilidades. Psicólogos apontam o descontentamento profissional como um dos fatores desencadeadores do estresse.

Você ama o que faz e, mesmo assim, sente-se desmotivado? Bem, os motivos podem ser diversos, como uma promoção que não se concretizou ou problemas de relacionamento com um colega de trabalho. Mas pense bem. Será que você não está fazendo uma tempestade num copo de água? Muitas vezes, o motivo que originou toda essa dor de cabeça pode ser facilmente resolvido. Se não for o caso, considere sempre a autoavaliação e uma boa conversa com seu superior.

Para cada sintoma, um remédio. Você pode optar por assumir o controle da própria carreira – e evitar novas crises – ou simplesmente deixar que a sorte bata à sua porta. A primeira opção requer uma dose de dedicação, mas o resultado final será compensador; já a segunda opção depende da sorte.

Experimente ser criativo. Tente assumir um projeto que considere interessante ou defina um objetivo para a sua carreira na empresa. Não sabe qual seu papel na empresa? Busque informações sobre o cargo e sobre as perspectivas que a companhia prepara para sua função.

Não esqueça que a prática de atividades físicas também o ajudará a superar – física e mentalmente – essa fase. Sua produtividade também está relacionada com seu bem-estar físico, independentemente de você estar ou não passando por um período de crise.

38

Acione o programa "Dispersão Zero"

Na maior parte dos dicionários de língua portuguesa, a palavra "dispersão" aparece como o ato ou efeito de desviar, esparramar, disseminar, espalhar, dissipar, debandar etc. São verbos que mostram uma ação desviada do foco principal. No contexto da vida pessoal e profissional, a falta de foco e de atenção – a conhecida dispersão – é um dos grandes entraves para o sucesso de qualquer pessoa, seja estudante, profissional liberal, executivo, empreendedor, entre infinitas possibilidades.

Em uma analogia com a física ou o universo tangível e mensurável, a dispersão pode ser comparada com a área de uma superfície, enquanto a energia e o tempo despendido na ação se comparam à força aplicada nessa mesma área. O resultado é que, quanto maior for a área da superfície, menor será a pressão resultante e, portanto, menor será o efeito pontual na superfície. De forma análoga, quanto maior for a dispersão para a mesma quantidade de energia gasta, menores serão os resultados práticos obtidos. Assim, é vital que a dispersão seja zero.

Mas como lidar com os infinitos apelos e problemas do dia a dia? Como selecionar, em meio a essa enorme montanha de dados e estímulos que recebemos incessantemente, o que importa? Não é à toa que, muitas vezes, a sensação que temos é de "panela transbordando" ou qualquer outra imagem que evidencie o excesso.

Para as pessoas das gerações Y e Z, pode parecer mais fácil gerenciar esse incrível volume de informações – afinal, elas nasceram "conectadas" –, mas, na verdade, esses jovens têm grande tendência à dispersão. Nascidos a partir dos anos 1980 e 1990, época de grandes avanços tecnológicos e de prosperidade econômica, esses rapazes e moças cresceram vivenciando ação, com muitos estímulos, e fazendo múltiplas tarefas simultaneamente. Só que o acúmulo de atividades simultâneas é uma característica da dispersão. É claro que, para atividades de menor significância, não existe a obrigatoriedade de estar 100% do tempo concentrado com exclusividade. Mas, como sempre é necessário separar o joio do trigo e saber dosar a importância de cada fato e tarefa, o planejamento e a gestão das atividades são os pontos-chave.

> **Quando o coração e a mente estão focados, o corpo adoece menos e o tempo rende mais.**

O dia é feito de 24 horas, e o ano, de 365 dias. Ou seja, com razoável planejamento, é possível classificar os desejos, as metas e as obrigações pessoais e profissionais em ordem de importância, de urgência e de necessidade.

Eventualmente, algumas coisas são muito importantes, porém não urgentes. Outras vezes, temos obrigações muito importantes e extremamente urgentes. E também temos compromissos e atividades que não são prioritários, mas é incrível como nos dispersamos neles. Um exemplo é a leitura de e-mails e do próprio conteúdo da internet. Nesse segundo caso, não é raro gastar muito mais tempo do que se planejava para uma pequena consulta (de um filme, por exemplo) porque as informações que se apresentam em série vão nos seduzindo para mais cliques e mais links...

Quando falo de "Dispersão Zero", refiro-me à atenção plena no que se está fazendo. É muito comum ver pais que, quando estão no trabalho, estão preocupados com os filhos, ou, quando estão em um momento de lazer com os filhos, estão pensando no trabalho. Ou seja, nunca estão 100% presentes e íntegros no momento vivido.

É muito comum também presenciar profissionais que durante uma reunião de trabalho estão respondendo a e-mails. Além de falta de educação, essa falta de foco pode, em geral, criar saias justas como a que uma vez presenciei, quando o CEO de uma empresa multinacional textualmente afirmou para um dos diretores: "Prezado, ou você responde depois e desliga agora seu notebook ou então pode sair para responder lá fora."

A gestão eficiente das tarefas e a totalidade do foco permitem que se produza muito mais em menos tempo e com muito menos dispêndio de energia. Assim, o tempo e a intensidade do lazer e da vida pessoal, em todas as suas instâncias, podem aumentar. Em outras palavras, a Dispersão Zero significa viver melhor e mais intensamente. Quando o coração e a mente estão focados, o corpo adoece menos e o tempo rende mais.

Existem muitas técnicas que auxiliam o aumento da concentração. Uma delas é a parada programada da atividade em curso para um relaxamento mental e também um pequeno alongamento. Ou seja, se a atividade está sendo realizada sentada diante do computador, convém a cada 60 minutos fazer uma pequena parada para relaxar e alongar um pouco.

Uma reunião que dure mais do que duas horas dificilmente é produtiva. Então, as paradas devem ser programadas e executadas da mesma forma que se realizam as manutenções preventivas e preditivas nas máquinas e equipamentos. Exagero? De jeito algum. Essas pausas vão contribuir para que todos da equipe ganhem energia e voltem com a atenção revigorada no que realmente interessa.

Manter o foco não significa ser bitolado e ter apenas um único interesse, mas fazer benfeito e de forma centrada cada um de nossos múltiplos interesses e obrigações. O programa "Dispersão Zero" é, assim, um forte aliado para melhorar a produtividade no trabalho e, consequentemente, a qualidade de vida.

39

Cada coisa no seu lugar

No final da Segunda Guerra Mundial, a produtividade de um trabalhador americano era aproximadamente 9 a 10 vezes maior que a de um trabalhador japonês. Diante dessa constatação, o então presidente da Toyota, o Sr. Kiichiro Toyoda, declarou: "Alcançaremos os americanos em produtividade em três anos; caso contrário, a indústria automobilística japonesa não sobreviverá."

Foi quando um até então desconhecido gerente de produção, o Sr. Tahiichi Ohno, que, posteriormente, se tornaria presidente da própria Toyota e também um dos homens mais importantes e impactantes em ciência e tecnologia da gestão de processos, se perguntava se era possível um operário americano ser capaz de um esforço físico 10 vezes maior que um operário japonês. Como isso não era possível, Tahiichi concluiu que deveria estar havendo desperdícios na indústria japonesa, tais como: tempo, retrabalho, transporte, matérias-primas e criatividade de seus funcionários, e resolveu atacá-los com uma nova ciência e praticamente uma filosofia que seria conhecida com JIT – Just in Time. Algumas das máximas do JIT consistem em produzir na quantidade certa, no tempo certo, no lugar certo e com desperdício e defeito zero. Mas, para que esses objetivos sejam alcançados, muitos investimentos estruturais e conceituais devem ser feitos. E justamente um deles é que cada coisa deve ter seu lugar.

Ferramentas, documentos e todos os demais recursos produtivos devem estar ordenados para evitar acidentes, perdas, desconcentração e desperdícios de toda espécie. Um ambiente de trabalho ordenado, seja ele uma mesa, um escritório, um laboratório ou mesmo a própria agenda ou os arquivos do computador, pode fazer toda a diferença para aumentar a produtividade.

Lembre-se de que a produção é definida como o volume absoluto do trabalho produzido e que a produtividade é a relação entre o quanto foi atingido (de produção) pelo quanto se gastou (de recursos) para alcançá-la. Ou seja, a produtividade pode computar tempo, dinheiro, energia ou qualquer outro insumo. Quando cada coisa está no seu lugar, a produtividade é muito maior. E esse conceito também pode ser estendido para a organização dos pensamentos, metas e prioridades.

> Cada meta deve ser organizada e priorizada em função do momento em que se vive.

É sabido que a mente humana é poderosíssima. Também é sabido que, quando a emoção e a razão se unem em um empreendimento, a probabilidade de se atingirem resultados e se superarem metas e expectativas aumenta significativamente. Mas, para que isso aconteça, tanto a emoção quanto a razão devem ser ordenadas dentro do possível. Cada meta deve ser organizada e priorizada em função do momento em que se vive. Em outras palavras, não adianta você pensar no doutorado se nem mesmo terminou o curso de graduação. O planejamento e o alinhamento das metas e a educação da mente para pensar certo na hora certa não vão transformar o ser humano em mais um robô de uma célula de manufatura – também amplamente empregada em sistemas baseados no JIT. Porém, ambos podem ajudar o profissional a não ser disperso com seus sonhos e a tomar as ações certas para atingi-los. Organizar a agenda, os compromissos, o tempo para a família, para o trabalho, para as atividades físicas e de lazer, e também organizar as ferramentas de trabalho, assim como os pensamentos e desejos, tudo isso é fundamental para viver melhor e aumentar a eficiência e a eficácia de nossas ações e sucessos.

40
Conheça suas habilidades

No mercado de trabalho atual, é importante conhecer suas habilidades e ser capaz de encontrar oportunidades que requerem justamente esses talentos. Talvez você queira (ou precise) transferir suas habilidades da área em que atuava para outras diferentes áreas profissionais. Conhecer o estilo e o tamanho de seu potencial vai ajudá-lo a encontrar o trabalho certo na empresa certa, ou, ainda, se tornar um empreendedor de sucesso.

Para ajudar, você pode fazer um "inventário de habilidades", identificando aquelas que aprendeu ou desenvolveu pela experiência, pela formação acadêmica ou por realizações. No quesito "comunicação", por exemplo, você pode listar se tem habilidade com a apresentação de ideias, desenho, entrevistas, escrita, oratória, gerenciamento de conflitos, mediação, negociação, relacionamento com clientes, revisão, facilitação, entre outras.

No quesito "coordenação", anote suas habilidades em classificação, relatórios, monitoramento, *follow-up*, programação. Na área de desenvolvimento de pessoas, destacam-se habilidades como motivação, *coaching*, aconselhamento, avaliação de desempenho, formação de equipes e ensino. E no de gerência/direção devem constar itens como gerenciamento de projetos, gerenciamento de pessoas, tomada de decisões, aprovação, delegação, direção e formulação de propostas, entre outros.

O importante é fazer uma lista de seus maiores atributos, inclusive colocando conhecimentos específicos seus, como o talento para a preparação de orçamentos ou para o planejamento financeiro, a habilidade para vendas, a facilidade em redação, entre tantas outras características.

Essa lista deve incluir habilidades (aptidões que você utilizou o suficiente para executá-las bem), habilidades técnicas (adquiri-

> **Cada um de nós tem aptidões e talentos que nos distinguem e nos diferenciam da massa.**

das por meio de treinamento técnico, cursos e treinamento no trabalho) e características pessoais, que são suas qualidades – o conjunto de talentos que fazem de você uma pessoa única.

Cada um de nós tem aptidões e talentos que nos distinguem e nos diferenciam da massa. Pode ser espírito desafiador, originalidade, intuição, iniciativa, senso de humor, praticidade, sinceridade, autocontrole, emotividade, foco em pessoas, tolerância, curiosidade... Vale marcar todas as suas aptidões inatas e depois assinalar as seis que representam suas características mais predominantes.

Ao fazer essa lista, você vai se "lembrar" de qualidades engavetadas e esquecidas, que podem ser revigoradas e recicladas. A quantas anda seu senso de humor? Será que não é o caso de dar uma lustrada nesse talento? Ele é essencial para quem quer fazer sucesso. A capacidade de rir de si mesmo e de "dar tudo por uma boa risada" denota também inteligência, sociabilidade, alegria e confiança, características muito valorizadas no mercado de trabalho.

A criatividade é outro talento importante, que pode ser estimulado em qualquer fase da vida. Às vezes, ela só precisa ser despertada com um cutucão interior, porque fica meio adormecida. Quem não tem ideias subitamente (enquanto toma banho ou durante a caminhada no parque) que podem se transformar em projetos e realizações? O segredo é dar ouvidos e anotar todas essas manifestações espontâneas que aparecem ao longo do dia. Isso significa manter-se receptivo às novas possibilidades. Mesmo que pareçam bobagens, essas ideias devem ser anotadas, registradas em um caderno – e, claro, depois repensadas, elaboradas e aproveitadas, se for o caso. Esse é um exercício que pode ajudar uma mente a se tornar ainda mais criativa.

41

Compartilhe seu conhecimento

Dividir é multiplicar. Aquele que não sabe compartilhar seu conhecimento está atrasando o próprio processo, pois o conhecimento é como a água. Se parada e inútil apodrece, e, quanto mais corrente for, mais límpida se torna.

Na era da informação, o mais importante não é exatamente o que sabemos, mas sim como aprendemos, ensinamos e lidamos com o conhecimento. Em um passado não muito remoto, a informação era uma das principais ferramentas de controle e de poder. Assim, profissionais que detinham o conhecimento específico sobre alguma coisa o protegiam como se protegem os mais raros tesouros. Mas a velocidade da comunicação e das transformações atuais tornou a informação efêmera. Assim como um produto perecível na prateleira de um supermercado que logo perde o prazo de validade, a informação não usada e guardada a sete chaves morre e ninguém mais lhe dará valor quando seu detentor resolver um dia usá-la.

Quando bem trabalhada, a informação se combina com outras e produz ideias e meios que podem viabilizar ações de prosperidade. Outro grande benefício em dividir as informações é que o doador não as perde. Enquanto o receptor pode ou não aproveitá-las, o emissor, mesmo dividindo-as com o mundo, ainda as detém. Um amigo e professor da Escola Politécnica da USP e também da BSP (Business São Paulo School), Sergio Luiz Pereira, costuma afirmar que a aula em que ele mais aprende é justamente aquela em que mais ensina. Ou seja, quando existe forte interação entre professor e aluno, as informações se combinam, procriam e evoluem para um estágio significativamente superior. O mesmo acontece nas interações entre profissionais, departamentos, corporações e até mesmo nações – é a cooperação substituindo a competição.

As empresas mais modernas e interessantes querem profissionais generosos, que contribuam para as transformações internas. Que possam, como líderes e também como pares, transmitir o que têm de melhor. Afinal, mais importante do que a informação é a formação. A formação é a capacidade de aprender, buscar, processar e produzir com as informações obtidas. Relacionada à capacidade de pensar e de realizar, ela é perene, ao contrário da informação, que deve ser bem escolhida, selecionada e usada, porque rapidamente se torna obsoleta.

A informação pode ser combinada e transformada; a formação pode ser aprimorada e desenvolvida. Juntas, podem realizar milagres de prosperidade com benefícios coletivos e individuais. Portanto, uma das melhores maneiras de se atualizar é contribuir para a atualização do mundo ao redor. Não tenha medo de dividir seu conhecimento. Tenha, sim, prazer em compartilhá-lo, para que seja convertido em benefícios e, consequentemente, multiplicado para você.

> **As empresas mais modernas e interessantes querem profissionais generosos, que contribuam para as transformações internas.**

42
Valorize as mulheres

Na Mariaca, 84% dos membros da equipe são mulheres. Sempre trabalhei com mulheres brilhantes e continuo apostando nelas no trabalho e na vida. Realmente gosto de trabalhar com a parcela feminina, que é sensível, inteligente, fácil de lidar, eficiente, focada. Outra evidência da supremacia feminina está na formação da sociedade da empresa: na Mariaca, somos sete sócios – cinco mulheres e dois homens.

Vejo que as mulheres estão mais dispostas a aprender; têm uma flexibilidade contagiante – daí a expressão "mulheres-polvo", porque realmente parecem ter vários braços que dão conta de mil e um papéis e funções; sacodem a poeira mais facilmente depois da queda, dando a volta por cima; lidam mais facilmente com o novo e o inusitado; sabem improvisar; são mais confiantes e resolvidas do que os homens. Isso as torna pessoas mais agradáveis, seguras e equilibradas.

Felizmente, mesmo neste mundo ainda machista, as mulheres têm se destacado cada vez mais. Em todos os países, gradualmente as coisas vão melhorando para a população feminina: nos últimos 10 anos, mais mulheres subiram ao topo, nas mais diferentes áreas: educação, saúde, política, economia, meio ambiente, tecnologia... Por isso, não é exagero afirmar que, no futuro próximo, as mulheres ficarão ainda mais fortes. Você tem 80% de chances de ter uma chefe mulher nos próximos anos, sabia? Quem diz isso são pesquisadores e futuristas – e eu endosso. Até porque já constato essa tendência na rotina profissional das corporações, aqui e lá fora.

Os conselhos de empresas, por exemplo, que sempre tiveram uma constrangedora maioria masculina, agora começam a ter mais mulheres. Já estava mais do que na hora! O atraso de séculos de preconceito e descaso começa a incomodar, e o mundo passa a reco-

> **Você tem 80% de chances de ter uma chefe mulher nos próximos anos, sabia?**

nhecer essa paridade no campo profissional. Aliás, os conselhos e as cúpulas das organizações e empresas inteligentes e bem-sucedidas já reconheceram a importância de ter diversidade em seu núcleo duro para conseguir uma representatividade maior na sociedade. Trata-se de uma variedade de pessoas – de perfis, idades, crenças, origens, raças, escolaridades, experiências e talentos diversos que podem contribuir, cada qual com sua experiência, formação e repertório, para ampliar e melhorar a cultura e os valores da empresa e, assim, favorecer o bem-estar geral.

Do lado social, empresas que mantêm políticas consideradas eticamente corretas são vistas com bons olhos, chamando a atenção de muitos profissionais talentosos e até do mercado externo.

Em relação à parcela feminina, além de apostar nela pessoal e profissionalmente, torço para que a situação da mulher melhore a cada dia. Especialmente em São Paulo, algumas pesquisas revelam que essa participação no mercado de trabalho tem sido expressiva: nos últimos cinco anos, segundo dados da Fundação Seade, 55% das mulheres em idade ativa faziam parte da população economicamente ativa. Outro estudo apontou que o Brasil está em sintonia com países mais avançados: mais de 20% das empresas de software do país são dominadas por mulheres, taxa maior que da Austrália. Há um caminho longo ainda a ser percorrido, mas os primeiros passos já foram dados. E valorizar a mulher é importante para profissionais de qualquer nível hierárquico e perfil.

Minha filha, Cristina Mariaca, tem três mestrados: dois MBAs americanos (um deles de Wharton) e um terceiro mestrado em cultura francesa. É uma das pessoas mais brilhantes que conheço. E sempre soube que tem de lutar para conquistar tudo que quiser. É o preço que as mulheres pagam: ser ainda mais competentes e esforçadas do que os homens para chegar aonde querem.

43

Abrace a mudança

Hoje, a mudança é constante no mercado de trabalho. Fusões, reorganizações, incorporações estão se tornando rotina no mundo corporativo aqui e lá fora. Quando duas empresas se juntam, além do clássico corte de custos, há o enxugamento de pessoal. O resultado, você já conhece: demissões, demissões e demissões. Em vez de se lamentar ou trabalhar com medo, achando que pode ser a próxima "vítima" (e, acredite, não há vítima nessa história; todos são jogadores e vencedores em potencial), o melhor é conhecer as mudanças de perto para gerenciá-las e trabalhá-las da melhor forma. Uma das certezas do mundo do trabalho no século XXI é que a mudança faz parte da vida.

As mudanças que afetam nosso mundo hoje estão causando alterações sociais tão drásticas quanto aquelas que ocorreram durante a Renascença e a Revolução Industrial. Diante de uma crescente concorrência global multicultural e sob os ventos de novas tecnologias e valores de consumo em transformação, pessoas e empresas passam por uma grande revisão de seus conceitos de trabalho. E o passo dessas mudanças está se acelerando. Ela não é mais vista como um processo que ocorre de uma tacada só; em vez disso, é parte integrante da maioria das organizações.

Toda essa transformação tem estimulado novos valores nas pessoas e nas equipes. Nas empresas, espera-se que os funcionários abandonem antigas atitudes e comportamentos e adotem novos. Até o momento em que aceitem o fato de que as antigas maneiras de se fazerem as coisas já não são válidas, não serão capazes de seguir em frente na mesma organização.

O contrato de "emprego vitalício" em troca de lealdade está extinto. As empresas estão ficando cada vez mais horizontais – o quadro gerencial tem sido um dos mais atingidos pelas reestruturações nas últimas duas décadas. O ambiente de hierarquias e papéis bem definidos mudou, substituído por relacionamentos. Cada vez mais, os gerentes estão sendo solicitados a liderar equipes e projetos que permeiam diversas partes da hierarquia organizacional. São vistos como líderes e *coaches* (treinadores), não como controladores.

> Uma das certezas do mundo do trabalho no século XXI é que a mudança faz parte da vida.

Os novos contratos acenam com oportunidades em projetos e tarefas. A atividade de consultoria cresce à medida que as empresas "alugam" o talento de que precisam para projetos específicos. Há uma mistura de funcionários em tempo integral, meio período e temporários. As pessoas às vezes terão carreiras simultâneas, usando suas habilidades em múltiplas atividades e diversos empregadores. Essa nova realidade mostra que o trabalho está cada vez mais voltado para projetos, até mesmo para gerentes e executivos. Quando o projeto é concluído, o profissional segue adiante, abrindo novas oportunidades em outras empresas. O negócio próprio, o trabalho a distância (*home office*) e o emprego temporário ficam cada vez mais fortes em algumas profissões (em especial, nas áreas de comunicação e de tecnologia). As habilidades gerenciais mais valorizadas são a visão do sistema inteiro em ação (o chamado *systems thinking*), o bom trabalho em equipe, a tolerância à ambiguidade (atuar em ambientes em que a mudança é uma constante), a produtividade (mais resultados com menos recursos), o gerenciamento da mudança (para conseguir que os outros se adaptem e também para criar uma mudança produtiva).

O melhor a fazer é respirar fundo e abraçar essas mudanças, que significam também a possibilidade de desenvolver a iniciativa, a criatividade, o empreendedorismo. A necessidade, aliás, é a mãe da criatividade. E ela está aí, apontando novos caminhos para os profissionais que não têm medo do novo.

44
Aprenda com a geração Y

Pela primeira vez na história da humanidade, a geração com menos de 30 anos tem melhores competências práticas do que seus pais, irmãos mais velhos, professores, mentores, treinadores, chefes e patrões. É a chamada geração Y, que nasceu depois de 1980. Uma década após, surgiu a geração Z, dos nascidos nos anos 1990. Em comum, ambas têm a facilidade com a comunicação digital, a rapidez, a urgência de se comunicar e a imersão no ambiente virtual, entre outras habilidades.

No mundo da internet, não há fronteiras geográficas, nem passaportes, nem cidadania definida. Você é cidadão do mundo e nele pode navegar livremente. Em vez de se apresentar com o próprio corpo e falar com a própria voz, você pode camuflar sua identidade, disfarçar-se do que quiser, apresentar-se como aquilo que você é ou não é, usar um nome fictício ou um "anonimizador". Você pode ler a maioria dos jornais ou revistas do mundo inteiro gratuitamente e publicar o que quiser, em blogs e páginas de sites. A compra e venda de produtos e serviços muda (e muito) no mundo virtual. Podemos pesquisar (no planeta inteiro, se quisermos), escolher, comprar, financiar, pagar e até devolver produtos, de livros a carros e aviões, sem jamais ter contato físico com um vendedor nem sair de casa. Podemos reservar passagens, escolher hotéis, comprar ingressos, pesquisar pacotes turísticos e até fazer um "chat" com futuros amigos, num lugar distante a ser visitado – de forma integralmente virtual.

Para muitas funções, não há limitações de tempo nem de espaço físico para trabalhar – as pessoas podem trabalhar "juntas" de qualquer canto do mundo, 24 horas por dia, 7 dias por semana. Mais de 400 milhões de pessoas poderão ser contatadas diretamente no ano 2015, mudando processos de recrutar novos funcionários, recolocar-se no mercado empregatício e até "chefiar" subalternos, que a cada dia serão mais terceirizados, subcontratados, autônomos ou, de alguma forma, independentes.

> **É essencial aprender com as gerações Y e Z e com as que virão.**

Novos empregos e profissões ligados à internet estão surgindo todos os dias, em áreas que englobam desde o desenho industrial até medicina, odontologia, psiquiatria e veterinária, entre tantas outras. Diversas engenharias especializadas em internet (segurança, projetos de sites, projetos de software e hardware, redes intranet e extranet), diversas novas funções para analistas (programação de redes, realidade virtual, linguagens e bancos de dados) e diversas novas áreas de administração (sistemas de acesso, sites, marketing virtual) e comunicação aparecem diariamente, aumentando um mercado fabuloso.

Há um mundo de oportunidades neste presente-futuro com novos modelos de negócios. É essencial aprender com as gerações Y e Z e com as que virão. São elas que estão à frente desses criativos processos de produção. Mas aprender o quê? A ser mais ousado, a se adaptar sem se lamentar, a ser mais rápido, a fazer mais com menos, a trabalhar virtualmente.

As coisas estão acontecendo com muita rapidez. Aparelhos como o Kindle, o leitor eletrônico da Amazon, e o IPAD da Apple propõem uma revolução no modo como lemos, mudando hábitos e reestruturando a indústria editorial. Será que vamos só contar com livros eletrônicos daqui a alguns anos? Espero que não, porque há um prazer delicioso em folhear livros como este que você tem em mãos agora, sentindo a textura do papel e podendo tocar nas palavras... Ou mesmo visitar livrarias e lá encontrar seus títulos preferidos. E tudo isso, hoje, com todo o conforto e charme, já que virou moda em várias cidades as livrarias estarem equipadas com ótimos cafés.

Não devemos ter medo de operar com maior velocidade e maiores e melhores recursos tecnológicos. Devemos temer, sim, nossa resistência às mudanças, porque quem não quiser aprender com as novas gerações corre o risco de ficar velho e mudo prematuramente. E, por fim, de perder as magníficas e novas oportunidades de negócios, de lucros, de prazeres e relacionamentos. De perder a oportunidade de nos conhecermos mais e melhor usando a tecnologia a nosso favor – para criar um mundo mais equilibrado e feliz para todos.

45

Antes de abrir um negócio, pense três vezes

Pense se essa é a melhor opção (e não a única), veja se essa é a paixão da sua vida e reflita também se está bem preparado para a empreitada.

Minha intenção não é despejar um balde de água fria sobre sua cabeça, mas mostrar os vários fatores que envolvem o empreendedorismo – para que você possa concluir que esta é sua verdadeira meta. Ao longo dos anos como executivo de bancos e indústrias e também como empresário, vejo que muitos profissionais montam um negócio motivados por questões como "não ter mais chefe", "ter mais tempo livre" e "ser dono do meu nariz", entre outras expressões muito usadas e que até acabaram perdendo a força e a intenção.

Empreender pode ser maravilhoso por vários motivos. Você realmente alça voo mais alto e consegue ter um retorno financeiro que atende às suas expectativas, encontra várias possibilidades de crescimento embutidas nessa experiência, pode compartilhar com funcionários, parceiros e clientes uma cultura de empresa séria, ética, consciente e preocupada com o bem comum, tem a chance de formar jovens e pessoas à sua volta, pode saborear o prazer de realizar seu sonho a cada dia... As vantagens são muitas, sem dúvida. Mas para que seu negócio seja bem-sucedido e sua empresa não corra o risco de fechar alguns anos depois de aberta, é preciso saber antes como, por que e de que forma agir. Trabalhar por conta própria, principalmente se você passou a maior parte da carreira em um ambiente de empresa, é uma decisão profissional séria que afetará todos os aspectos de sua vida – desde seu relacionamento com a família e os amigos até seu relacionamento com o talão de cheques. Por isso, a decisão de buscar um caminho por conta própria deve ser tomada depois de uma análise cuidadosa que inclui vários fatores.

Os empreendedores podem ser divididos em duas categorias: os chamados "empreendedores de oportunidade", aqueles que enxergam um novo nicho de atuação e planejam minuciosamente a abertura do negócio, e que geralmente têm um bom nível socioeconômico e cultural; e os chamados "empreendedores de necessidade", com grau de instrução e renda mais baixos, motivados a empreender por sobrevivência e falta de emprego. Esses últimos são aqueles que se encaixam na maior parcela dos que se aventuram sem planejamento, sem conhecimento do negócio e acabam fechando o negócio pouco tempo após sua abertura. De acordo com estudos recentes, a razão da oportunidade já ultrapassa a necessidade entre os empreendedores brasileiros, alcançando o terceiro lugar no mundo, atrás apenas da França, seguida dos Estados Unidos. Outra boa notícia é que o jovem brasileiro vem empreendendo mais – para felicidade dos gestores públicos e incentivadores do setor; afinal, o negócio próprio representa uma ótima alternativa de geração de renda e aumento de chances de inserção do jovem no universo do trabalho. Os números são otimistas, a ideia de ser independente é muito atraente, mas é importante lembrar que essa não é uma transição fácil.

Entre o sonho e a realidade

Seja qual for sua escolha, a compra de uma franquia, a criação de uma empresa, a aquisição de um negócio existente ou o trabalho como consultor, a ação deve ser motivada pelos princípios corretos e com os pés bem colocados no chão, evitando romantismos como o anseio de eliminar a figura do chefe ou de livrar-se da insegurança de cortes nas empresas. Empreender requer frieza e planejamento. Para quem entra nesse circuito com ilusões do tipo "Não quero mais ninguém me dando ordens" ou "Não quero ninguém controlando meu tempo e o que devo ou não fazer", a melhor opção é procurar um novo emprego, sem perda de tempo. Mas é muito importante ter paixão pelo que se faz ou, no mínimo, se identificar com a atividade escolhida. Não deve ser veterinário quem tem medo de cachorro nem piloto quem tem medo de voar.

Por outro lado, se você escolher uma atividade apenas pelo prazer, é possível que, mais cedo ou mais tarde, se frustre, pois ela certamente deixará de ser um hobby para se transformar em compromisso. Uma coisa é jogar tênis, outra é ter uma escola de tênis. Uma coisa é viajar, outra é ter uma agência de viagens. Assim, é importante equilibrar a busca com outros fatores mais realistas, como habilidades, valores e viabilidade. Ser empreendedor requer estar disposto a fazer tudo, a qualquer hora. Você tem de assumir, muitas vezes, mais de 10 atividades diferentes, como criar, planejar, produzir, controlar a qualidade, promover, contatar, gerenciar, cobrar, distribuir e divulgar. E se conformar com a falta de tempo. Se abrir mão dos fins de semana, feriados ou de um belo descanso à noite não faz parte de seus planos, então é melhor descartar essa ideia.

Quem está acostumado a trabalhar para empresas de grande estrutura, que trazem comodidades como "boys", secretárias, motoristas, bancos, restaurante, academias e até mesmo aquele cremoso cafezinho de máquina, tudo como num passe de mágica, pode ter ficado "mal-acostumado" e não se adaptar à nova realidade. No início, principalmente, isso exigirá muito do seu fundador. Saiba que não será mais possível delegar as tarefas como antes e você terá de se imbuir de muita energia, saúde e capacidade para fazer outros tipos de serviços – a muitos deles você provavelmente não se submeteria se estivesse trabalhando como empregado.

O apoio incondicional da família também é importante. A resistência do parceiro e o ressentimento dos filhos contribuem para dois "Ds": desgaste e desmotivação. Você deve prever que a nova empresa mudará a rotina de sua casa. Se é proibitivo delegar no ambiente de trabalho, em casa é mais que necessário! Pode esbanjar pedidos de ajuda às crianças, ao parceiro, aos parentes, às empregadas. Talvez esteja na hora de os filhos arrumarem seus quartos, mochilas e lanches sozinhos, de o papai virar "aquele" chef de cozinha tão explorado pela mídia e festejado pelo público feminino, e de a mamãe, finalmente, aprender a ir ao cinema sozinha ou fazer aquele curso tão desejado.

Um negócio próprio normalmente não nasce com um gerente de vendas contratado. É preciso comprar, operacionalizar, vender, cobrar, descontar no banco e pagar as contas até que se crie uma equipe confiável. Esse é outro desafio para o empreendedor iniciante, que deve perder o medo de vender. Por orgulho, cultura ou timidez, muitos de nós crescemos acreditando que negociar com amigos e pessoas conhecidas é bastante constrangedor. Pois saiba que, no início do seu negócio, os amigos podem ser uma excelente alavanca para impulsionar as primeiras vendas de produtos ou de serviços. Conte com eles; afinal, pode ser mais seguro e interessante consumir algo feito por alguém em quem se confia. Hospedar-se numa pousada familiar ou jantar no restaurante de um amigo tem um saborzinho a mais.

> Os números são otimistas, a ideia de ser independente é muito atraente, mas é importante lembrar que essa não é uma transição fácil.

Além disso, pensando de forma contrária, muitos negócios bem-sucedidos, especialmente na área gastronômica, acontecem depois de muitos elogios e aprovações das pessoas próximas. Talvez devêssemos levar mais a sério comentários como: "Você faz isso tão bem, por que não vende?"

Conquiste a liderança

Saber liderar é condição *sine qua non* para qualquer empreendedor se firmar como alguém capaz de aproveitar as oportunidades. Mas, atualmente, exercer liderança é algo muito diferente de "dar ordens". A visão moderna valoriza o companheirismo, a liderança por competência, e não por imposição, a liderança por confiança conquistada e, sobretudo, o líder que orienta e permite que todos sejam líderes em determinado momento, dependendo apenas do local e da circunstância.

Ao contrário do que muitos pensam, a liderança não é uma habilidade única, e sim um conjunto de competências. Entram na lista inteligência emocional, maturidade, empatia, habilidades políticas, carisma, uma pitada de humildade e a capacidade de saber ouvir. Ou seja, a antítese do egocentrismo imaturo. Os maiores líderes reúnem todas essas características, mas não abrem mão de uma boa equipe que os auxilie. A importância é tanta que apenas quando eles já têm um bom time formado é que começam a pensar nas estratégias de negócios.

Antes de empreender, pesquise suas motivações e habilidades

Em conversa com profissionais que querem abrir o próprio negócio, sempre costumo falar das habilidades e dos conhecimentos necessários para que o sucesso aconteça. Muitas vezes, as pessoas não têm uma visão realista das dificuldades que envolvem essa empreitada. Para ajudar, há algumas perguntas-chave que devem ser feitas antes de começar:

- Por que quero empreender? Por que não trabalhar para alguém?
- O que quero realmente fazer: montar uma nova empresa, comprar um negócio já estabelecido ou comprar uma franquia? Por quê?
- Quais são meus pontos fortes e qualidades? Quais são meus pontos fracos e defeitos? Estou disposto a reconhecer minhas limitações pessoais?
- O que vou precisar aprender?
- Vou gostar de ser empreendedor? Eu me sentirei realizado com a rotina, os desafios e responsabilidades? Vou gostar do estilo de vida? Será divertido para mim?
- De que forma minha família e meus amigos vão reagir? Que impacto essa decisão terá nos meus relacionamentos?
- Como imagino minha vida depois de montar minha empresa? Como será um dia típico?
- O que espero ganhar pessoal e profissionalmente? E financeiramente?

- O que sei a respeito do meu novo empreendimento? O que pesquisei, com quem conversei sobre essa decisão?

Esse é um conselho importante porque costuma ser nessa hora, durante essa primeira análise, que a "ficha" cai: puxa, vou mesmo seguir em frente e empreender. Isso acontece quando a pessoa se convence de que a abertura da empresa se enquadra em seus sonhos, suas necessidades de carreira, de estilo de vida e pessoais e também quando ela sente que tem as habilidades e os recursos necessários para fazer com que o negócio dê certo.

46

Só monte um negócio se esta for a melhor opção (e não por falta de opção)

Os principais ingredientes de um bom plano de negócios incluem planejamento mercadológico, operacional, financeiro e o desenho da equipe, mesmo que enxuta. Mas a substância essencial, aquele tempero único sem o qual um prato não se torna apetitoso, é outra – e se chama vontade, paixão. Montar um negócio apenas porque você foi demitido ou não tem outra escolha profissional representa 99% de chance de que a empreitada dê errado.

A maioria das empresas costuma se definir durante os primeiros cinco anos, segundo dados de pesquisas do Sebrae (Serviço Brasileiro de Apoio às Micro e Pequenas Empresas). De cada 100 empresas abertas, 36 fecham as portas no primeiro ano e 34 vão à falência no segundo. Depois do quinto ano, apenas três sobrevivem. Cerca de 490 mil empresas são criadas por ano no Brasil. Complicado? Se você tem uma boa ideia, conhece o mercado que almeja e está empolgado com o que faz, tem grandes chances de dar certo. Mas saiba que, sem garra e entusiasmo, não é possível ir muito longe. Para encarar o trabalho exaustivo, sem salário fixo todo mês, o ganho irregular, o clima de indefinição, a dependência de fatores como políticas do governo, mercado etc., é preciso estar seguro de que a opção é a melhor coisa do mundo.

Quem será que trabalha mais: o funcionário de uma empresa ou seu proprietário? Se a empresa em questão está nascendo, com uma série de desafios pela frente, pode ter certeza de que a resposta é uma só: o proprietário. Desde o início, sempre trabalhei muito, bem mais do que na época em que era vice-presidente de um banco. Além disso, como empresário, as preocupações aumentam; não

> **Se você tem uma boa ideia, conhece o mercado que almeja e está empolgado com o que faz, tem grandes chances de dar certo.**

basta deixar o trabalho no final do dia. O desafio é manter a vida pessoal em equilíbrio com tantas novas demandas e questões a serem resolvidas. Mas há uma série de vantagens e compensações. Há uma enorme satisfação em ver a empresa crescer e se estruturar. Há também a satisfação de contribuir para gerar empregos, para melhorar a qualidade de vida das pessoas, de motivá-las e ajudá-las a crescer.

E qual é o perfil do empreendedor? Ele deve ter ambição, vontade de prosseguir na luta, obstinação para não desistir na primeira dificuldade, visão de sucesso e confiança em si mesmo. Mas a qualidade principal é a capacidade de se interessar pelas coisas sem o empurrão de ninguém. É quando a pessoa não precisa da ordem de um chefe para terminar o trabalho ou colocar uma ideia em prática. Ela vai e faz. Tem gana por fazer, realizar, inovar. A outra característica também é vital para o dirigente de um novo negócio. Sem pulso firme, método e disciplina, o ritmo de trabalho cai, as estratégias tendem a ser esquecidas, e as metas, arquivadas. Além disso, é impossível manter a disciplina no time de funcionários se o próprio dirigente não é organizado e chega tarde ao trabalho.

O empreendedor certamente passará por momentos difíceis, sofridos. Além de todos aqueles dados nada animadores, que mostram a falência precoce da maior parte das empresas no Brasil, sabemos que o início não é fácil. Será preciso buscar força extra em si mesmo para prosseguir, mas quando você acredita no seu projeto, vale a pena. A todo instante, você irá estabelecer parcerias e alianças com pessoas e empresas. Nenhum negócio vai para a frente sem elas. E esses contatos acontecem no seu dia a dia. Na conversa na padaria, enquanto busca os filhos na escola, na fila do restaurante... Lembre--se de vender uma imagem positiva de si mesmo e do seu negócio, criando uma relação de confiança e um pacto de simptia com seu novo contato.

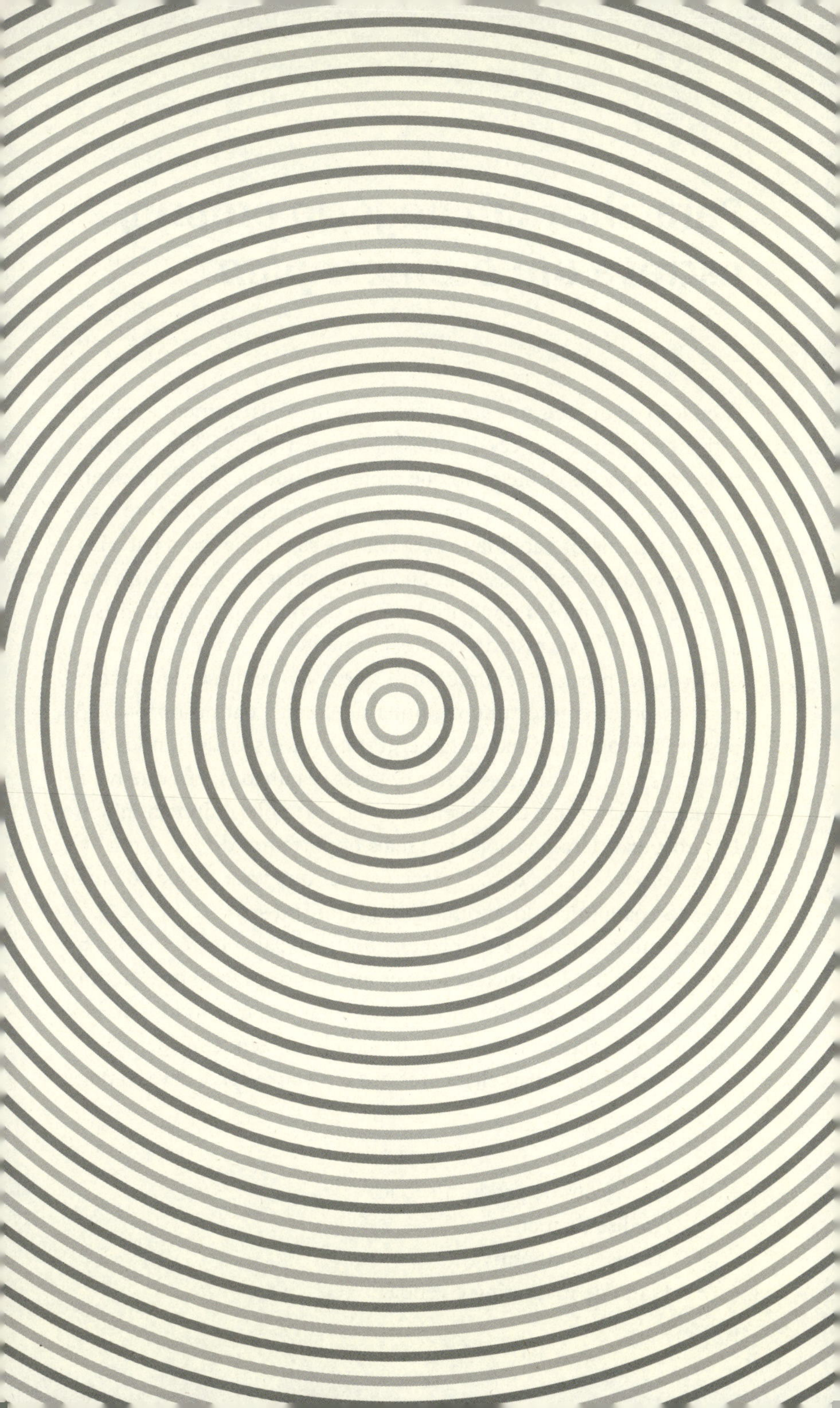

47
Para abrir um negócio próprio, escreva um *business plan*

A criação de um *business plan* sólido e benfeito vai aumentar significativamente suas chances de sucesso, porque vai forçá-lo a esclarecer todos os aspectos do negócio que pretende montar. Ao documentar suas ideias e planos, você aumentará seu conhecimento sobre o negócio e terá maior habilidade para falar de suas ideias com parceiros, clientes e colaboradores. Assim, poderá "vender seu peixe" com mais facilidade. E também pode utilizar esse documento para dirigir suas ações e medir o sucesso do empreendimento.

Você vai precisar de um bom *business plan* se quiser levantar capital ou obter empréstimo ou linha de crédito para o negócio. As pessoas envolvidas financeiramente na concessão de fundos para novos negócios sempre solicitam planos detalhados, em que há argumentos claros que descrevem por que esse novo empreendimento irá prosperar. Um dos objetivos mais importantes do *business plan* é tornar o negócio atraente e descrever por que você é a pessoa mais indicada para iniciá-lo, montá-lo e administrá-lo.

Mesmo que você esteja planejando financiar o negócio com recursos próprios, é essencial escrever um plano abrangente e "redondo" – isso ajuda a minimizar os riscos e garante que tudo – ou pelo menos a maioria das coisas – tenha sido levado em consideração.

Confira os principais elementos que um *business plan* deve conter:

- Definição de objetivo
- Descrição do negócio
- Descrições de produto/serviço
- Análise de mercado
- Análise competitiva
- Plano de marketing e vendas

- Operações
- Análise de risco
- Estrutura organizacional
- Gerência e pessoal
- Instalações e equipamentos
- Pesquisa e desenvolvimento
- Plano financeiro que inclui:
  - projeções de lucros e prejuízos (mensalmente para o primeiro ano, trimestralmente para o segundo e o terceiro anos).
  - projeções de *cash flow* (mensalmente para o primeiro ano, trimestralmente para o segundo e o terceiro anos).

Programa de implementação

Enquanto o *business plan* resume a estratégia geral do negócio, o programa de implementação costuma ser mais tático. Ele especifica o que – e quando – deve ser feito para que o negócio possa abrir as portas quando você quiser. Em alguns casos, o programa de implementação é parte integrante ou um adendo do *business plan*. Sem um plano de ação claro, você pode trabalhar muito e, mesmo assim, deixar de cumprir prazos importantes. Seria um grande infortúnio estar pronto para abrir as portas e constatar que não há energia elétrica suficiente para operar novos equipamentos que acabaram de ser entregues. São os pequenos detalhes despercebidos que geram frustração e roubam tempo e dinheiro preciosos. Portanto, é melhor criar um plano abrangente com antecedência.

Algumas pessoas preferem trabalhar com diversas listas (uma para marketing, uma para staff e outras ainda para o espaço físico e a tecnologia). Eu o aconselho a ter uma lista mestra de etapas com os principais eventos e atividades. Acho que funciona melhor.

> Você vai precisar de um bom *business plan* se quiser levantar capital ou obter empréstimo ou linha de crédito para o negócio.

Para uma operação de vendas no varejo, por exemplo, o programa de implementação pode incluir a escolha do local, a negociação do aluguel, a organização do espaço, a seleção e o pedido de sistemas de informática, a seleção de vendedores, o pedido de compras de estoque inicial, o planejamento de materiais de marketing, a contratação e o treinamento de pessoal, o embarque de mercadorias, entre outros fatores. A partir de então, várias atividades podem ser subdivididas, como conexão de eletricidade e água, instalação de linhas telefônicas, reforma do espaço, entre outras. O importante é ser o mais minucioso possível ao criar essa lista de atividades, documentando todas as tarefas que deverá concluir antes de inaugurar o negócio. Vale incluir a data-alvo para cada item e depois a data real de conclusão. Essas informações vão apontar dados concretos para futuros planejamentos e o trabalho estruturado em listas vai permitir que você siga adiante diariamente – a chance de esquecer algo importante cai muito com esse método.

Seis coisas para se perguntar antes de tudo:

1. Você desenvolveu os passos para a implementação de cada parte importante de seu *business plan*?
2. Estabeleceu datas-alvo para cada atividade e subatividade importante?
3. Os diversos elementos do plano de implementação convergem na mesma direção? Criou uma sequência de eventos eficiente e que tenha o menor custo?
4. Se estiver alugando o espaço, quando poderá utilizá-lo? Seu cronograma permitirá que você conclua o máximo possível de seu programa de implementação antes de começar a pagar o aluguel? Ainda vai dispor de tempo suficiente para preparar o espaço antes de abri-lo?
5. Pode encurtar o cronograma ao fazer mais de um item ao mesmo tempo?
6. Trocou ideias com pessoas que fizeram operação semelhante para revisar seu programa e fornecer feedback?

48
Ao demitir, faça certo

Mesmo sendo cada vez mais corriqueira, a demissão ainda é um grande choque para a maioria das pessoas. Afinal, o trabalho equivale à identidade, ao RG de cada um – assim, a perda do emprego se compara à falta do chão, da estrutura em que se pisa todos os dias. Por isso tudo e mais um pouco, é preciso saber demitir. Com cuidado, educação, elegância, firmeza. Com humanidade.

Vi algumas vezes um antigo programa de televisão em que o apresentador demitia os jovens candidatos a executivos com um bordão efusivo: "Você está demitido!" Em toda minha vida profissional, nunca vi alguém demitir alguém com essas palavras. Eu mesmo já tive de dispensar vários profissionais ao longo da minha vida profissional no Harris Bank, no Citibank, na Black & Decker, na DuPont e na Mariaca. E aprendi que é preciso demitir de forma ética, direta, respeitosa. Desde o início da carreira, o médico aprende a comunicar notícias terríveis sem mostrar fraqueza ou titubear. Quem demite deve também ser firme – abrir brechas, recuar ou chorar junto com o funcionário não são boas opções. Todos nós dependemos de uma boa demissão para que possamos nos reerguer em seguida, prosseguir na batalha por uma nova colocação, uma nova oportunidade (seja em alguma empresa, seja por conta própria).

Muitas lições foram aprendidas no convívio com inúmeros planos de reestruturação e adequação de equipes para reduzir custos. Uma delas diz respeito à maneira como a demissão é comunicada. As empresas devem evitar demitir funcionários às sextas-feiras ou nas vésperas de datas festivas, como o Natal. O comunicado deve ser feito pessoalmente, numa sala reservada, num ambiente calmo, sem interrupções. O ideal é que a empresa elabore um *script* para orientar o gestor, com sugestões de frases que devem ser ditas para os diversos comunicados, incluindo a decisão da empresa, as razões da decisão, as condições do pacote de desligamento e como será feita a transição.

A Mariaca preparou um manual para seus clientes com recomendações e dicas de comportamento do gestor encarregado de comunicar as demissões. O tempo da comunicação, sempre individual e pessoal, deverá ficar entre 10 e 15 minutos. Para uma demissão eficaz, recomendo seis passos:

> Quem demite deve ser firme – abrir brechas, recuar ou chorar junto com o funcionário não são boas opções.

– Comunicar a decisão de forma clara e sucinta.
– Falar sobre os aspectos racionais que obrigaram a empresa a tomar a decisão.
– Comunicar ouvindo e respondendo aos questionamentos do demitido.
– Informar os termos do desligamento.
– Deixar claro como será feita a transição.
– Comunicar o que a empresa fará para dar apoio ao funcionário durante a transição.

Uma das questões fundamentais que o demissor deve levar em consideração é o estado emocional do funcionário, nem sempre revelado no momento. As pessoas que recebem uma comunicação pessoal e repentina, com forte impacto pessoal, normalmente demonstram uma gama de reações previsíveis, às vezes mais de uma dessas reações. Ficam chocadas, incrédulas, magoadas, desapontadas, se sentem rejeitadas. Às vezes perdem o controle, choram ou agridem verbalmente, outras vezes negam ou partem para a negociação com o comunicador. Por isso, é importante estar preparado para enfrentar as reações do demitido, que podem ser de:

Negação – Alguns não concordam com as razões da demissão e tentam negá-las. Outras vezes, há uma tentativa de postergar ou fazer algum outro tipo de acordo com a empresa. Nesse caso, o gestor deve manter o tom profissional, repetir a mensagem quantas vezes for necessário e não negociar qualquer solução alternativa. Deve usar frases como "Entendo que você não estivesse esperando...", "A decisão está tomada e é irrevogável".

Revolta/hostilidade – Nesse caso, o demitido se sente magoado, desapontado, rejeitado, até ofendido e perde o controle. O gestor deve manter a calma e evitar polemizar, mas não pode ficar na defensiva. Deve, simplesmente, se ater aos fatos.

Mágoa/tristeza – O demitido se sente vulnerável, está com medo e preocupado com o futuro. O gestor deve dar oportunidade e tempo para que a pessoa desabafe, mostrar-se solidário e ser atencioso, porém firme. Deve usar frases como "Sei que é uma situação difícil...". "A companhia vai ajudá-lo nesta fase..."

O importante é que algumas armadilhas sejam evitadas. Procure não deixar que a reunião enverede para a discussão de performance. Não discuta alternativas, pois a decisão está tomada. Também não fique na defensiva; apenas relate os fatos. O essencial é evitar discussões, polêmicas ou alterar o tom de voz (também não permita que o outro o faça). Outro erro é dizer ao funcionário que não há razão para ele ficar irritado ou mesmo tentar mostrar o "lado positivo" da demissão. Convenhamos: nesse momento, ele não está em condições de enxergar qualquer vantagem neste fato. Se ele criticar a alta direção da empresa, ouça sem concordar ou discordar. Evite assumir o papel de consultor de transição de carreira.

Comunicar uma demissão é uma das coisas mais difíceis que um líder tem de fazer. É totalmente contrário ao que gostaríamos de comunicar aos colegas da equipe, mas faz parte da vida profissional, cada vez mais, já que é ingrediente da equação que envolve receitas, despesas e lucro na empresa privada de um sistema capitalista.

49

Controle as finanças e ganhe liberdade

Por quanto tempo você conseguiria manter sua estabilidade financeira depois de uma demissão? Provavelmente, você nunca pensou nisso, já que suas reservas financeiras devem ter outro destino, como a educação dos filhos ou uma aposentadoria tranquila, por exemplo. Você não está sozinho: muitos brasileiros descartam a importância de manter um bom pé-de-meia para ajudar num dos momentos mais críticos de sua vida profissional: o desemprego.

Esse é o perfil comportamental detectado em uma pesquisa recente realizada pela Mariaca em parceria com a Câmara Americana de Comércio de São Paulo. Abrangendo um universo de 466 pessoas, o estudo mostra que 15% dos entrevistados conseguiriam manter a estabilidade financeira por um período de até seis meses, 9% por até um ano e 13% por mais de um ano.

Um executivo pode levar até oito meses no processo de transição de carreira; se contar com a ajuda de uma consultoria especializada nesse tipo de serviço, o tempo pode ser reduzido pela metade. Mas, independentemente da condição, o fato é que, se ele não contar com uma boa reserva financeira, as chances de ter de aceitar um emprego (qualquer um, e não o que mais lhe convém) apenas para sanar as finanças sobem desesperadamente. Sim, esta é a palavra: desespero. O profissional desempregado e sem estrutura financeira pode entrar em pânico ao ver seu fundo de garantia sumir em pouco tempo. Ao contrário, se ele contasse com um planejamento de carreira e financeiro, que não considerasse apenas seus objetivos profissionais, mas também a volatilidade do mercado e os obstáculos que poderão surgir, inclusive a possibilidade de desemprego, as coisas seriam bem diferentes.

Organizar o orçamento familiar e as despesas pessoais para evitar que mais de 70% da renda mensal seja destinada ao pagamento de dívidas é consenso entre todos os analistas financeiros, mas é um conselho seguido por uma parcela pequena da população brasileira, independentemente de classe social ou nível de escolaridade.

> Mesmo quem tem uma boa retaguarda monetária deve se acostumar a manter o controle financeiro.

A mesma pesquisa, desenvolvida nos Estados Unidos pela consultoria Lee Hecht Harrison, empresa-sócia da Mariaca, com 7.250 profissionais em processo de transição de carreira, revelou que 35% têm reservas que lhes permitem passar mais de seis meses sem emprego.

O processo de transição de carreira por si só leva o profissional a crises de ansiedade, que podem se acentuar quando a perspectiva de colapso financeiro começa a aparecer. Ignorar o fato de que os índices de demissão são altos e que as frequentes fusões e aquisições de empresas geram reestruturação é um risco que não vale a pena ser assumido. No mundo todo, a mobilidade dos profissionais é cada vez maior. Investir na estabilidade financeira garante uma vida mais confortável e, sobretudo, permite que possamos ultrapassar períodos de dificuldade e turbulência com mais serenidade.

Mesmo quem tem uma boa retaguarda monetária deve se acostumar a manter o controle financeiro. Esse é um hábito saudável para todos da família, especialmente hoje, quando se sabe que o consumo desenfreado é um grande empecilho para a melhora do meio ambiente. Não é só em casa que não há mais lugar para guardar tantas coisas, grande parte delas inútil, é preciso dizer. O planeta está entulhado de lixo, e essa crise ecológica é também uma crise de valores, de educação, de comportamento. Mais do que em qualquer outro momento, esta é a hora de cortar gastos supérfluos, aprender a viver de uma forma mais simples e prazerosa e administrar melhor a vida.

Os analistas financeiros defendem a regra de que, ao organizar o orçamento familiar e as despesas pessoais, uma pessoa deve evitar que mais de 70% de sua renda mensal seja destinada ao pagamento de dívidas. Para isso, algumas mudanças de hábitos e controle dos gastos são imprescindíveis, como:

1. Saber o valor real do salário. Muita gente acaba incorporando o limite do cheque especial ao salário, esquecendo-se de que essa é uma grande armadilha, já que os juros cobrados são muito altos.
2. Outra necessidade é identificar os gastos mensais. Uma boa medida é desenvolver uma planilha que especifique todas as despesas.
3. O prazer em poupar deve ser estimulado em todos os integrantes da família. Ao estipular objetivos para o dinheiro, fica mais fácil garantir uma boa reserva.
4. Também é importante descobrir qual o melhor investimento para o objetivo pretendido e manter-se informado sobre o que está acontecendo no mercado. Saber, por exemplo, identificar quais são os melhores investimentos do momento e quais são aqueles dos quais é preciso manter distância.
5. Finalmente, não importa a situação em que se está nem quem está do outro lado da mesa, é essencial saber negociar. Negociar seu salário nas empresas, negociar ganhos com parceiros e clientes, até negociar suas dívidas no banco.

Com essas cinco regrinhas e o propósito de manter as finanças sob controle, você pode ganhar liberdade para organizar sua história de vida da melhor forma – e jamais se tornar refém de um emprego ou de um salário.

50
Deixe o mau humor de lado

Saber medir palavras é um dom que ajuda a construir carreiras de sucesso. Não há nada mais desagradável do que trabalhar com pessoas que reclamam de tudo e de todos. Se você faz parte desse time, cuidado! As opções não são muitas: ou aprende a pensar antes de falar ou corre o risco de ter a reputação e a carreira prejudicadas.

Os relacionamentos cultivados com os colegas de trabalho e com as lideranças são avaliados a cada minuto. A importância é tanta que, atualmente, o círculo interno de amizades conta pontos a favor de quem pretende subir dentro da empresa. Por isso, adotar uma postura agressiva e defensiva reduz as possibilidades de qualquer profissional manter relacionamentos produtivos com os colegas.

No ambiente corporativo, muitas situações elevam o nível de estresse das pessoas, tornando-as instáveis e agressivas em alguns momentos. Mas, ao saber identificar as causas da irritabilidade, fica mais fácil direcionar as emoções e ganhar importantes aliados.

A pressão das empresas por resultados tem colaborado para deixar os profissionais mais ansiosos e menos dedicados às amizades com os colegas. Soma-se a isso o desequilíbrio entre vida pessoal e profissional, com o número crescente de pessoas que se esquecem de investir em outras atividades que proporcionem lazer e prazer, e o resultado é um só: gente estressada, mal-humorada, irritada, como se fosse uma panela de pressão prestes a explodir.

As pessoas bem humoradas são, em geral, mais criativas porque lidam no cotidiano com a capacidade de achar graça das pequenas coisas. Meu filho Miguel é uma dessas pessoas. Meus quatro filhos são brilhantes, mas Miguel é também uma das pessoas mais engraçadas que já conheci. Ele sempre me fez rir, desde pequeno. Tem um senso de humor delicioso. Imita sotaques como ator de Hollywood. Faz caretas incríveis e seus olhos brilham. É mordaz.

Sai com ironias perfeitas nos momentos certos. Há quase quatro décadas sou muito feliz, e boa parte se deve ao humor do Miguel! Tenho certeza de que o humor do Miguel o tem conduzido desde a infância aos caminhos de sucesso em sua vida. Ele é um jovem talentoso e criativo que tem o olhar brilhante de quem sabe que a vida tem de ser levada de um jeito mais leve.

Ao colocar de lado a família, os hobbies, a atividade física, uma barreira começa a ser construída, e isso poderá ser notado no comportamento irritadiço e na baixa produtividade no trabalho. Há ainda o caso de profissionais que não conseguem disfarçar a insatisfação com a carreira ou com seus superiores. Em ambas as situações, em vez de fechar a cara ou resmungar, por que não apostar numa conversa com as pessoas envolvidas, sem, claro, perder a compostura?

Obviamente, há quem tenha um nível de resistência mais alto que os outros. Mas não adianta ignorar uma realidade: desapontamentos, críticas e insatisfações fazem parte da rotina de qualquer companhia. É ilusão acreditar que há um local imune a pressões – a melhor maneira de superá-las, sem prejudicar a imagem profissional, é enxergá-las como desafios e não como aborrecimentos. Independentemente da empresa e da cultura, sempre haverá pessoas e situações difíceis de lidar nos ambientes empresariais, e o que diferenciará um profissional mediano de um excepcional não será o currículo, mas a maneira como irá encarar esses obstáculos. Portanto, da próxima vez que quiser soltar o verbo ou virar a cara, respire fundo e pense nas consequências. Invista em seu bom humor fazendo coisas boas e prazerosas: vá assistir a uma comédia, saia em pequenas viagens nos fins de semana, pratique esportes (a liberação de serotonina, decorrente da atividade física, é um antidepressivo natural), namore, aproveite a vida. Ela é uma dádiva e é também infinitamente melhor para os que sabem rir de si mesmos.

> É ilusão acreditar que há um local imune a pressões – a melhor maneira de superá-las, sem prejudicar a imagem profissional, é enxergá-las como desafios e não como aborrecimentos.

51
Faça uma autoavaliação

Muita gente acha que a avaliação de desempenho só serve para satisfazer os interesses da empresa. Mas uma avaliação periódica, que envolve o funcionário e seu superior imediato, é a melhor ferramenta estratégica para definir a carreira de cada pessoa da equipe, além de funcionar como excelente recurso de motivação. Essa avaliação também é uma prova de que seu trabalho está sendo observado e analisado em bases profissionais e não emocionais. Em outras palavras, seu sucesso na empresa independe de laços de amizade que você possa ter com o chefe, o que torna mais justa também a progressão salarial.

Nessa conversa entre o profissional e o chefe, é importante refletir sobre o cumprimento (ou não) de metas, seu grau de sucesso ou insucesso, as forças (internas ou externas) que contribuíram para os resultados e – fundamental – quais são os objetivos para o próximo semestre ou ano. O relacionamento com superiores, pares, subalternos e até clientes e fornecedores também pode fazer parte da pauta. Conhecida como "Avaliação 360 Graus", essa análise se baseia em uma conversa franca e aberta, em que se definem objetivos e expectativas de ambas as partes. É nessa oportunidade que também são planejados os recursos necessários para garantir o sucesso do funcionário e da empresa: treinamento, *coaching*, informações de outras áreas, novos equipamentos, equipe adicional. Essa é a hora de mostrar por que novos recursos e melhores condições de trabalho irão agilizar e facilitar o cumprimento das metas.

O melhor de tudo é que essa avaliação pode ser incorporada em sua rotina. Não é preciso esperar que a empresa ou o chefe proponha essa análise para começar a valorizar – e, consequentemente, a administrar melhor – sua carreira. Uma autoavaliação constante é bastante saudável para sua vida profissional. E pode incluir as seguintes perguntas:

- Sei o que a empresa espera de mim?
- Tenho ferramentas para realizar um bom trabalho?
- Recebi reconhecimento ou elogios por um bom trabalho nos últimos sete dias?
- Alguém na empresa parece se importar comigo como pessoa?
- Há alguém que encoraje meu desenvolvimento?
- Minhas opiniões são levadas em consideração?
- A missão da empresa faz com que meu trabalho seja importante?
- Meus parceiros de trabalho estão comprometidos em desenvolver serviços de qualidade?
- Tenho um melhor amigo no trabalho?
- Alguém falou sobre meu progresso profissional nos últimos seis meses?
- Tive oportunidades de aprendizado e crescimento no último ano?

Essa autoanálise é um exercício de reflexão que pode ajudar a pessoa a gerir melhor sua carreira. Como em um relacionamento amoroso, é importante, de vez em quando, "discutir a relação". Nesse mergulho interior, você pode descobrir, por exemplo, que precisa melhorar sua comunicação com seus pares ou investir em um novo curso. Também pode desconfiar de que não é tão valorizado quanto imaginava, mas então, em vez de arrumar suas coisas e sair em busca de outro emprego, procure conversar com seus superiores, rever objetivos e metas.

> Essa é a hora de mostrar por que novos recursos e melhores condições de trabalho irão agilizar e facilitar o cumprimento das metas.

Esse é o caso também de pedir, com elegância e firmeza, para que seu trabalho seja discutido periodicamente. Assim, você terá um registro de avaliação de seu desempenho e saberá o que o chefe e a empresa pensam a seu respeito. Idealmente, o avaliado e seu superior imediato podem trocar a seguinte pergunta: "Eu (avaliado ou avaliador) espero de você, meu (avaliado ou avaliador) o seguinte durante o próximo (ano ou semestre)." Então, são listadas as expectativas específicas. Muitas vezes, a iniciativa para sermos bem avaliados precisa vir de nós mesmos. Trata-se de uma prática positiva que nos ajuda a identificar qualidades, deficiências, conquistas e fracassos e pode indicar o caminho para melhorar nossos pontos fortes e minimizar os fracos.

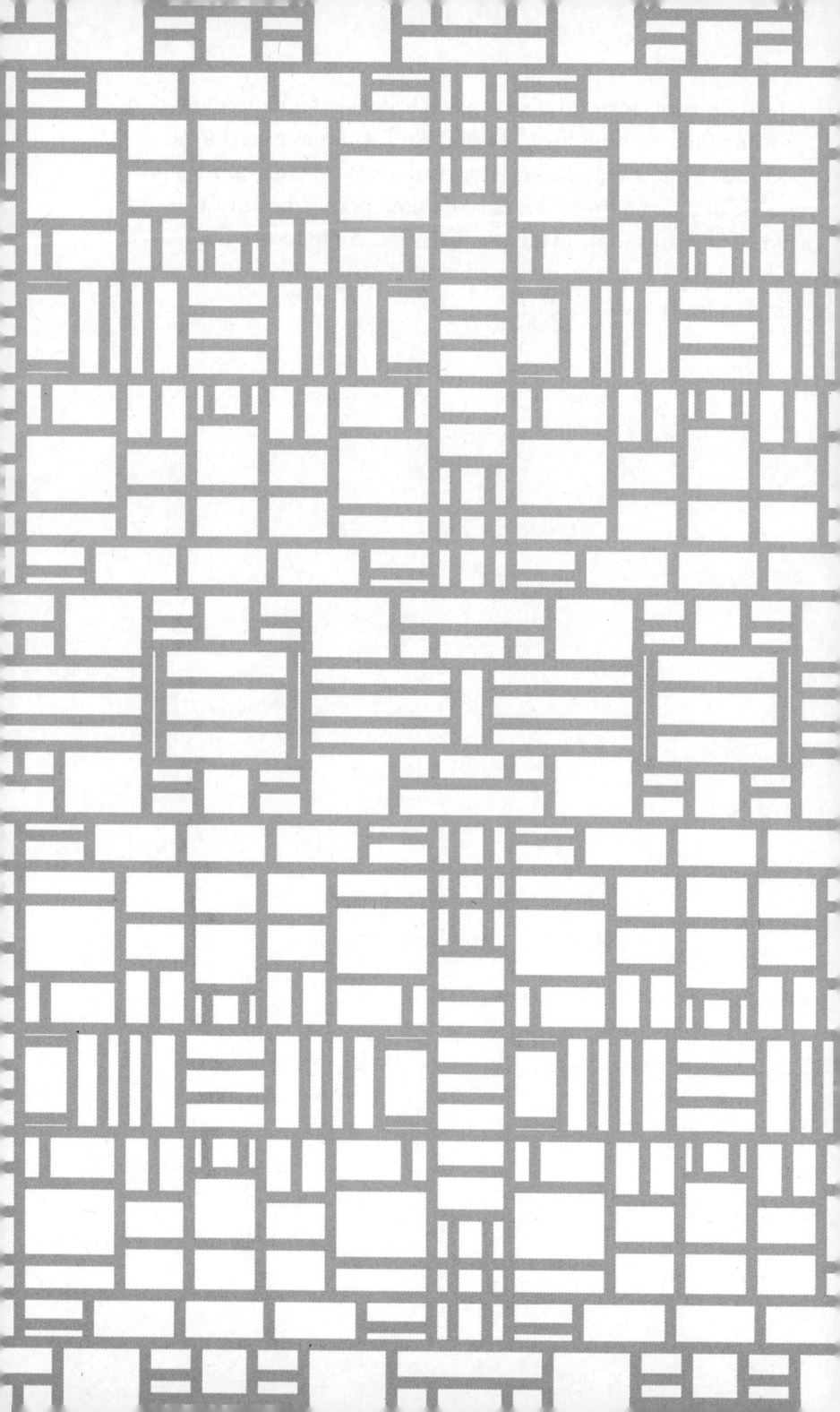

52
Não coloque o carro na frente dos bois

Depois de procurar emprego durante meses, um executivo da área de marketing conseguiu uma ótima colocação. Tudo parecia ir muito bem, quando, menos de quatro meses depois, eu soube que ele fora demitido. Na conversa com o novo desempregado, foi fácil identificar o que havia ocorrido. Irritadiço e nervoso, ele só tinha palavras para atacar a empresa, que "não havia reconhecido" seu talento, nem "acatado suas ideias brilhantes". Em conversa com outras pessoas daquela empresa, depois, ficou claro o que acontecera. Esse diretor não deu tempo ao tempo ou, como se diz popularmente, "colocou o carro na frente dos bois". Assumiu a vaga de diretor de marketing já querendo impor seu estilo, sua pegada e suas convicções. Não quis compreender antes como aquela empresa funcionava, de que jeito as pessoas trabalhavam ali e qual era a cultura predominante. Como um macho alfa que quer rapidamente marcar seu território e apagar as marcas de outros líderes que já passaram pelo bando, ele começou em um novo lugar, com pessoas novas para ele, e de um jeito antigo: impondo seu estilo (que, ficou patente poucos meses depois, é ineficiente) e seu jeito de trabalhar.

Ele cometeu um erro grave. Foi afoito e ansioso, quis fazer valer suas ideias antes da hora. Quem está chegando precisa se aclimatar e absorver a cultura da empresa antes de tentar fazer mudanças significativas. Se você começa a correr antes que seus pés estejam bem plantados no solo, é provável que irá beijar o chão rapidamente. No caso desse executivo, há outro fato que colaborou para que as coisas dessem errado. Inseguro por estar desempregado há vários meses e querendo provar para si próprio (e para os outros) que era competente, ele tentou fazer muito em pouco tempo e se complicou

> **Quem está chegando precisa se aclimatar e absorver a cultura da empresa antes de tentar fazer mudanças significativas.**

nessa teia de ansiedade. Também não foi inteligente no contato com os colegas e subordinados ao impor seu jeito "goela abaixo".

Construir um relacionamento amigável, positivo e produtivo é um desafio para quem começa em um novo emprego, especialmente nos escalões mais altos. É preciso "chegar chegando", é verdade, com autoconfiança, energia e segurança. Mas também são essenciais a simpatia (os arrogantes são intragáveis), a tranquilidade (você terá seu tempo de dar as cartas, não precisa se apressar) e o espírito aberto para o novo (quem não quer aprender emburrece). É necessário, antes de apenas criticar o processo de trabalho e a cultura da empresa, pensar de que forma é possível mudar para melhor aquela organização. E reconhecer o que há de bom na empresa, mostrando respeito e admiração pelas pessoas que investiram energia para que ela chegasse onde está. Conhecer a equipe com calma – e não julgar precipitadamente para não chegar a conclusões erradas – é sábio para quem inicia uma nova empreitada. Também vale a pena ter em mente seus objetivos de médio e longo prazos dentro da empresa, lembrando que as coisas precisam de um tempo para acontecer. O início é o início, sempre. Quando você era pequeno, lembra os primeiros dias em uma escola nova? Há certa sensação de desconforto, estranhamento, parece que ninguém fala com o novo colega. Pode parecer engraçado, mas entre os marmanjos acontece a mesma coisa. Por isso, no início do trabalho, não amplifique essas emoções de desânimo e frustração e dê tempo para que as coisas aconteçam. E não se esqueça de suas metas e de seus sonhos nessa nova trajetória.

Na verdade, ninguém consegue construir nada sozinho – seja um país, uma empresa, uma escola, uma família. Inspirar a equipe a trabalhar com entusiasmo, reforçar os laços de confiança entre as pessoas, valorizar cada um dos funcionários em sua essência, manter a tolerância, a flexibilidade e o bom humor: essas são características de quem tem inteligência emocional, requisito básico para se dar bem no trabalho e na vida.

53
Uma vez por ano, faça um inventário de seus relacionamentos

A estabilidade emocional é preponderante para o sucesso. A perda do controle emocional provoca a maior parte dos acidentes de carreira – que levam a demissões e transferências – ou até a perda de nossos melhores colaboradores. Isso decorre, especialmente, de desgaste nos relacionamentos no ambiente de trabalho. Cabe a cada um de nós criar, proteger e amadurecer nossos próprios relacionamentos com superiores, pares e demais membros da equipe.

Por isso, um conselho que gosto de dar é muito simples: faça, uma vez por ano, um levantamento – uma espécie de inventário – da qualidade de seus relacionamentos. Dentro e fora do trabalho. Com pessoas da família, amigos, colegas, chefes. Abra-se com pessoas de sua confiança e pergunte sobre a qualidade de seu comportamento. Indague sobre seu humor, sua paciência, suas características afetivas e emocionais. Se você perceber que houve um desgaste generalizado na qualidade de seus relacionamentos, pode ser um sinal de que não está conduzindo sua vida de modo saudável e equilibrado. Pode estar sendo reativo, raivoso, até um pouco rabugento.

Antes de a situação se agravar, tornando-se perigosa para sua qualidade de vida, para seus relacionamentos afetivos e para sua carreira, você pode fazer algumas mudanças muito simples, mas que vão produzir grandes transformações em sua vida pessoal e profissional. Mudar está sempre a nosso alcance e sempre dentro do nosso controle.

> **Cabe a cada um de nós criar, proteger e amadurecer nossos próprios relacionamentos com superiores, pares e demais membros da equipe.**

54
Não se iluda com os MBAs

Muitos profissionais que investem em um MBA (Master in Business Administration) acreditam que, em curto espaço de tempo, o título abrirá portas no mercado de trabalho. Não há dúvida de que ele faz diferença no currículo e que o nível de empregabilidade aumenta para os graduados, mas nem sempre a guinada na carreira acontece tão rapidamente. Mesmo nos casos em que a própria empresa auxilia nas despesas do curso, não é certo que estará 100% comprometida com a ascensão do profissional imediatamente após a conclusão do MBA. Essa promoção pode levar até três anos e um dos motivos para essa demora é a falta de vagas para um posto de maior nível no momento em que alguém se forma. Para evitar mal-entendidos, uma conversa prévia com o chefe, para esclarecer os planos do profissional e os da empresa, é uma alternativa aconselhável.

Somos constantemente bombardeados com as listas de qualificações e competências exigidas pelas empresas e pelo mercado de empregos. E, para tornar-se uma "estrela", muitos profissionais chegam a investir em MBAs nos Estados Unidos com a ilusão de que a entrada no mercado de trabalho americano será possível. A realidade é bem diferente! O número de estudantes estrangeiros é crescente nas universidades americanas, mas o mesmo não pode ser dito no meio empresarial. A metade dos recrutadores que visitam os Centros de Colocação Profissional dessas universidades se recusa a conhecer estudantes estrangeiros, alegando que não têm conhecimentos da cultura dos Estados Unidos nem fluência suficiente em inglês. Mas o principal motivo está relacionado às barreiras para a obtenção do visto de residência permanente, o chamado Green Card.

Tentar uma vaga nas universidades brasileiras pode ser mais fácil. Mas sejamos honestos: o principal filtro para os aspirantes a um desses cursos no país é o custo, que pode variar de R$7 mil a R$48 mil, sem contar os gastos com os programas que têm módulos fora do Brasil. É claro que há cursos de qualidade em que os custos não são os únicos obstáculos. Na Universidade de São Paulo (USP), por exemplo, o rigor está na seleção dos candidatos para o concorrido MBA executivo internacional. O mesmo pode ser dito dos processos de seleção do mestrado profissionalizante da FGV, MBA da Coppead, MBA em Finanças do Ibmec, MBA e E-MBA da BSP – Business School São Paulo (associada às Universidades de Toronto e St. Mary's, do Canadá), além dos processos da Fundação Dom Cabral (MG) e do Instituto Tecnológico da Aeronáutica (ITA), em parceria com a ESPM. Outro bom curso é o da BBS (Brazilian Business School), estabelecido em colaboração com a Universidade de Richmond.

> Para evitar mal-entendidos, uma conversa prévia com o chefe, para esclarecer os planos do profissional e os da empresa, é uma alternativa aconselhável.

Um MBA ajuda, sim, especialmente quando o candidato vem de uma formação universitária técnica ou quantitativa, como engenharia, química, física ou matemática. Entretanto, se seu currículo está recheado de cursos e títulos, mas a vivência profissional está carente de experiências gerenciais modernas, tome cuidado: os conhecimentos adquiridos em anos de estudo podem não ser suficientes para garantir-lhe um cargo de alta relevância. A maioria das empresas busca pessoas experientes para assumir essas posições. Nesses casos, não há muitas alternativas a não ser "começar de baixo". Uma boa opção é procurar empresas que mantêm programas de treinamento para profissionais que têm um currículo realmente diferenciado.

E, finalmente, é muitíssimo importante confirmar a qualidade do curso de MBA. Verifique se ele está credenciado no país ou exterior, pesquise na internet comentários sobre sua qualidade, converse com ex-alunos, visitando a instituição durante as aulas, peça para participar de uma aula como ouvinte, revise o programa e, se possível, solicite uma lista das empresas que patrocinam os alunos e fale com as áreas de Recursos Humanos. Ou seja, não devemos colocar nossa carreira, tempo e dinheiro nas mãos de uma instituição que não nos convença, de jeito nenhum.

Os cursos de graduação, pós-graduação e os de MBA estão passando por um processo de banalização, sobretudo no Brasil, onde pipocam os mais diversos cursos sem qualquer autorização ou reconhecimento formal. Por isso é fundamental ficar de olho na qualidade da escola e do curso, para não se iludir com promessas falsas e anúncios irreais.

55
Vá atrás dos *headhunters*

Qual é o papel dos *headhunters* e qual é a função das consultorias de *outplacement*? A maior parte das pessoas não consegue definir as duas alternativas de serviços que podem tornar-se úteis tanto para empregadores como para funcionários.

Headhunters são empresas que buscam, ou recrutam, executivos, gerentes, diretores ou presidentes. Esse serviço é sempre contratado pela empresa que deseja empregar o profissional. *Headhunters* não criam posições, pois agem a pedido das empresas clientes, quando surge a necessidade de contratar um executivo com um perfil específico. Os currículos que recebem pelo correio ou via e-mail são revisados e, se qualificados, mantidos no banco de dados para futuro acesso. Na maioria das vezes, porém, os *headhunters* realizam a procura proativa de talento específico no mercado, dentro das empresas ou bancos em que o profissional-alvo está empregado – muitas vezes, em diversas cidades ou países. As 12 principais empresas mundiais de *headhunting* operam no Brasil – algumas há 15 anos ou mais, caso da Mariaca, que tem 20 anos.

Já o serviço de *outplacement* é um apoio de recolocação – ou de transição de carreiras – contratado pela empresa que desliga um ou mais profissionais, devido a reorganizações, fusões ou outros ajustes. O serviço ajuda a gerar um maior número de boas oportunidades, de forma mais rápida do que os profissionais criariam atuando sozinhos. Isso encurta o período de transição de oito ou mais meses para apenas quatro.

> **A maior parte das pessoas não consegue definir as duas alternativas de serviços que podem tornar-se úteis tanto para empregadores como para funcionários.**

As empresas de *outplacement* oferecem infraestrutura de escritórios, desenvolvimento de uma estratégia individual para cada recolocação, apoio emocional, treinamento para entrevistas, preparação de currículo, treinamento para pesquisar o mercado na internet, ferramentas de pesquisa de mercado, bancos de dados, planejamento financeiro e assessoria na formação de um negócio próprio.

Quem deseja mudar de emprego deve, sim, enviar seu currículo para os *headhunters* e, se possível, também negociar com a ex-empresa para que um apoio de *outplacement* seja contratado.

56
O clima da empresa é fundamental

Quanto vale uma equipe engajada com as metas da empresa, atuando de forma mais produtiva e eficiente e, sobretudo, satisfeita com o trabalho e o clima organizacional? Toda boa e saudável empresa não vacilará em dizer que vale muito, e pode ser até seu principal ativo. Vale ainda mais em tempos de escassez de talento qualificado, em que se tornou vital manter os executivos-chave. Na disputa por profissionais qualificados, o ambiente de trabalho transformou-se em vantagem competitiva e em moeda de negociação na retenção desses executivos.

Dirigentes de "alto-astral" transmitem e propagam esse clima para toda a empresa, gerando bons índices de companheirismo no trabalho e incentivando a multifuncionalidade. O clima de bem-estar cria confiança e credibilidade, promove o senso de justiça, inspira respeito e estimula o sentimento de camaradagem e o orgulho dos funcionários em pertencerem à empresa. Mais do que trabalhar na companhia, os funcionários se sentem parte dela.

Por isso, a preocupação em garantir um bom clima organizacional e investir na melhoria da qualidade de vida no trabalho é uma realidade cada vez mais frequente em empresas, que tratam de desenvolver isso sob as mais diversas formas – por meio de programas nas áreas de saúde, cultura e esportes, ou da melhora das condições de trabalho, bem como da implantação de programas de estímulo e incentivo às equipes. Em cidades como São Paulo, esse investimento significa, inclusive, melhora na qualidade de vida, na medida em que as empresas oferecem serviços que vão agregar benefícios para a rotina pessoal dos funcionários e, em outros casos, garantem até a redução real do tempo de trabalho.

> **Na disputa por profissionais qualificados, o ambiente de trabalho transformou-se em vantagem competitiva e em moeda de negociação na retenção desses executivos.**

Campanhas de saúde ou a instalação de academias de ginástica dentro da empresa têm se tornado cada vez mais frequentes em grandes corporações. A premissa é a de que funcionários que praticam exercícios físicos têm melhor disposição e humor, mais saúde e alegria. Algumas empresas chegam a oferecer personal trainer para suas equipes – um serviço, em geral, ao alcance de uma faixa restrita da população. Até massagens relaxantes integram o cardápio do bem-estar organizacional, complementado, em alguns casos, com psicólogos de plantão, para cuidar da mente e reduzir o estresse dos funcionários.

O horário de trabalho é não só um dos fatores que interferem no estresse, mas um ponto nevrálgico na disposição dos funcionários. Por isso, qualquer flexibilização na quase sempre rígida jornada pode alterar os humores para melhor. Cientes disso, algumas empresas vêm implantando práticas como a de não realizar reuniões às segundas-feiras pela manhã ou limitar o trabalho no máximo até as 20 horas.

Incluem-se ainda empresas que praticam o "short friday" e encerram o expediente mais cedo às sextas-feiras, ou trabalham até o meio-dia nos períodos que antecedem datas como Natal e Carnaval. Sem falar nos horários flexíveis.

A relação de benefícios e programas depende da criatividade e da "personalidade" da empresa. Cafés da manhã com grupos de funcionários, happy hours (com ou sem palestras), festivais, gincanas, viagens de aventura, saraus literários... Se você trabalha numa empresa que prima pela criatividade e se esforça para melhorar o clima, maravilha! Você está em uma ilha de excelência do universo corporativo, e isso, pode estar certo, traz várias vantagens para todo o grupo de funcionários, além da própria organização. Se não é o caso, tente construir um ambiente melhor, a começar pelo seu pedaço, seu departamento. O exemplo pode se espalhar e beneficiar toda a empresa. O clima também depende de você.

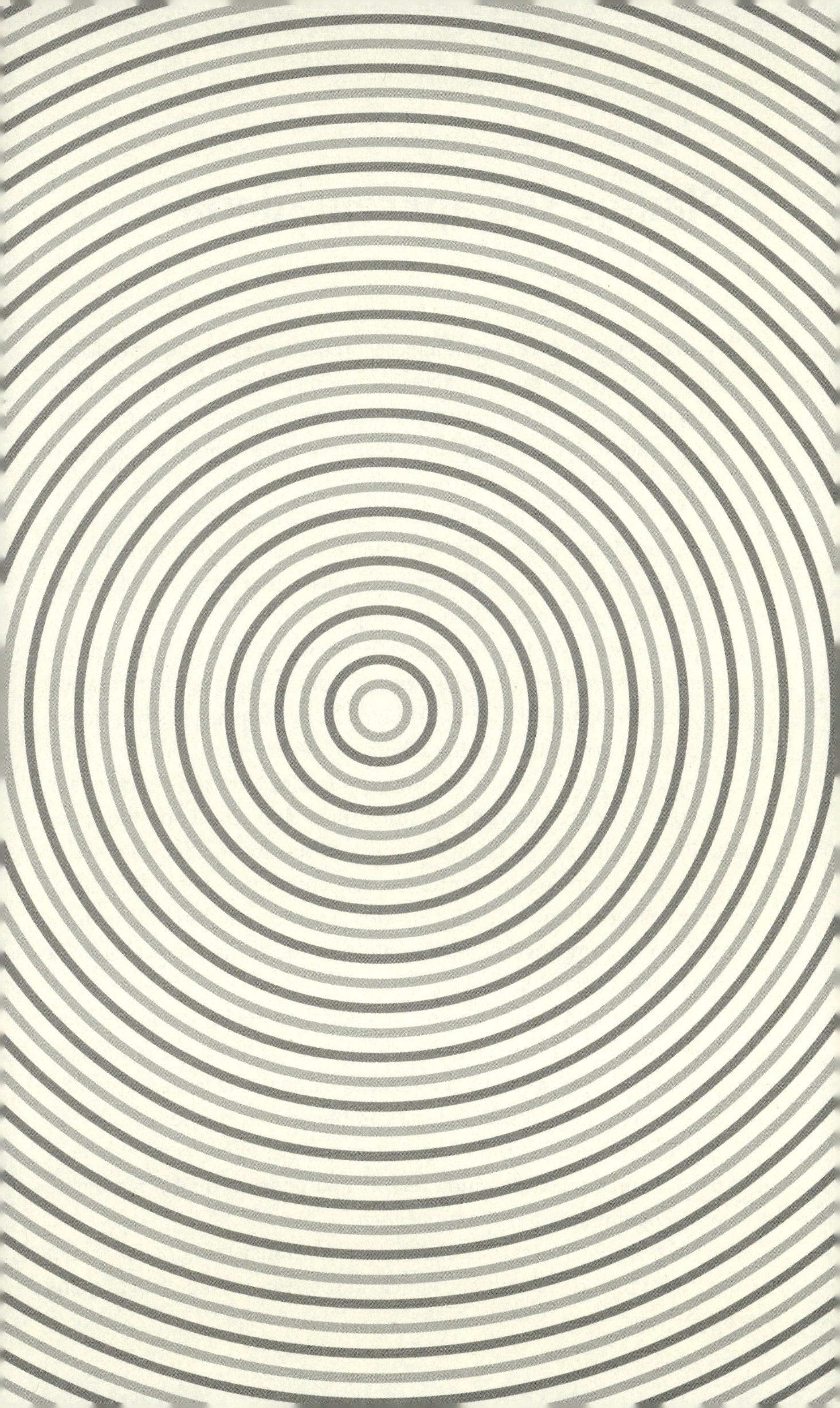

57
Planeje sua aposentadoria

A maioria dos executivos não se prepara para a aposentadoria. Para complementar a mais-do-que-insuficiente aposentadoria oficial, as melhores organizações estruturam planos de previdência privada – montando planos fechados ou financiando o acesso a planos abertos.

Acontece que a previdência privada complementar não satisfaz as necessidades básicas do aposentado e, para a consternação dos acionistas e presidentes de empresas, existe uma necessidade real de complementação à previdência complementar!

Isso resulta de três necessidades básicas que o próprio profissional pode atenuar, simplesmente preparando-se melhor para sua própria aposentadoria. Em primeiro lugar, os planos nem sempre mantêm a continuidade de cobertura médico-hospitalar e odontológica imprescindíveis no futuro quando, com a passagem dos anos, esse benefício torna-se ainda mais vital. Um conselho, portanto, é pensar e planejar a própria cobertura médico-hospitalar pelo menos cinco anos antes da aposentadoria, evitando, assim, ficar descoberto ou cair em períodos arriscados de carência na mudança para um novo plano ou, até mesmo, tornar-se inelegível a uma nova cobertura.

Em segundo lugar – e isso é verdadeiramente importante –, planeje uma segunda carreira, mesmo que venha a receber remuneração menor do que recebia na posição da qual está se aposentando. Se você tem uma aposentadoria complementar, que rende 50% do que recebia quando empregado, só irá precisar da outra metade para não ter uma queda de renda real. E isso pode vir de um novo emprego ou até de um pequeno negócio.

Mas o motivo mais essencial para continuar trabalhando tem a ver com felicidade, autoconfiança, autoestima e saúde física, mental e espiritual. Evite a chamada "síndrome do pijama", em que a rotina do aposentado passa a ser o chinelão, o pijama – e, certamente, a depressão. Você pode fazer algo criativo em um negócio próprio, em uma função interessante em alguma empresa. Pode também se lançar no trabalho voluntário. O importante é sentir-se útil – e ser útil.

> **Evite a chamada "síndrome do pijama", em que a rotina do aposentado passa a ser o chinelão, o pijama – e, certamente, a depressão.**

Tudo isso, no entanto, deve ser planejado com antecedência. A aposentadoria não pode ser lembrada apenas quando chegar o dia da saída. O ideal é que seja programada antecipadamente, três ou cinco anos antes de você se aposentar. Assim, quando chegar o "day after", você terá para onde ir e o que fazer, poderá ter uma renda complementar e não correrá o risco de contrair despesas médicas sem cobertura.

Negar a aposentadoria é simplesmente adiar o inevitável. E às vezes pode ser tarde demais...

58

Reforce o seu QE

O quociente de inteligência (QI) sempre foi levado em consideração em situações de escolha. Crianças, no mundo inteiro, foram consideradas prodígios quando seus QIs foram quantificados como altos. Isso está mudando. Quando a empresa contrata ou promove, o fator QI – se o candidato é ou não inteligente – é levado em conta. Mas, no mundo globalizado, alterações drásticas acontecem rapidamente, mudando o cenário das empresas e de seus relacionamentos – internos e externos.

Com as mudanças advindas da globalização, como *joint-ventures* ou fusões, o QE – fator de inteligência emocional – vem sendo priorizado. O motivo é que a estabilidade emocional diante de situações de pressão extrema e estresse é um fator preponderante para o sucesso. A inteligência emocional requer jogo de cintura para driblar conflitos, empatia para se colocar no papel dos seus interlocutores e poder compreendê-los e convencê-los, paciência para lidar com adversidades e situações difíceis.

Os melhores profissionais alcançam o topo da pirâmide corporativa em parte por suas competências (formação superior, fluência em inglês, entre outras), mas principalmente por sua capacidade de lidar bem com pessoas, em situações de forte pressão e de mudanças. Portanto, se seu poder de aguentar pressões é alto, se você é resistente a situações de estresse e, ainda por cima, é aquele que põe a mão na massa, está sempre disposto a ensinar e dar o bom exemplo, parabéns! Seu caminho para o topo será mais fácil em relação aos que ostentam um QI acima da média, mas têm o "pavio curto", não lidam bem com problemas, se relacionam mal com as pessoas e não suportam emergências ou imprevistos.

> **Com as mudanças advindas da globalização, como *joint-ventures* ou fusões, o QE – o fator de inteligência emocional – vem sendo priorizado.**

59

Regue a planta da amizade

Muitos profissionais não se desligam da empresa. Viciadas em trabalho, essas pessoas preferem ignorar os malefícios dessa rotina para a saúde, a família e a qualidade de vida. Mas nem sempre podemos culpá-las, pois o ritmo da vida moderna impõe certos sacrifícios que dificilmente podem ser ignorados. No entanto, não podemos utilizar a pressão por resultados como desculpa para a incapacidade de equilibrar vida pessoal e profissional. Ao priorizarmos apenas um aspecto de nossa vida, acabamos por colocar em segundo plano outros que também são fundamentais; ou seja, ter apenas o trabalho como foco acaba por empobrecer um aspecto importante da vida de qualquer ser humano: os relacionamentos pessoais.

Vale lembrar que nem sempre os sentimentos de ansiedade, exaustão ou até mesmo depressão são gerados por insatisfação profissional. Motivações pessoais também contribuem e as origens podem ser diversas. Muitas pessoas podem não se dar conta, mas a presença de amigos é fundamental para o sucesso pessoal, familiar e profissional.

Uma série de pesquisas mostra que as pessoas que não aproveitam uma forte rede de relacionamentos, fora do ambiente familiar e profissional, são de duas a três vezes mais propensas a morrer jovens. Para as mulheres, principalmente as que têm filhos, a situação pode ser pior, porque vivem sob constante pressão e, com frequência, não se permitem momentos de lazer, com medo de se sentirem culpadas por não darem a devida atenção à família. Algumas chegam a pensar que "esse luxo" é possível apenas para as "egoístas".

A dica é dar um basta no sentimento de culpa; afinal, todos merecemos momentos de descontração, em que deixamos as obrigações e os problemas de lado. Isso contribui, e muito, para a saúde mental de qualquer ser humano!

> Muitas pessoas podem não se dar conta, mas a presença de amigos é fundamental para o sucesso pessoal, familiar e profissional.

O assunto está em evidência, sobretudo quando levado para o âmbito organizacional. Atualmente, uma das habilidades extremamente valorizadas pelas empresas é a capacidade de os profissionais trabalharem em equipe, o que envolve respeito e habilidade para lidar com pessoas com diferentes pontos de vista. Mas o relacionamento não precisa estar limitado a questões profissionais, uma vez que é na empresa que passamos a maior parte do dia. Portanto, é inevitável que criemos uma rede de relacionamentos com os colegas de trabalho, desde que sejam respeitados os limites entre vida pessoal e profissional e algumas regras de conduta.

Regra 1: O ideal é manter amizade com pessoas que compartilhem experiências, interesses e valores similares aos nossos. Devemos nos relacionar com pessoas que respeitamos e com quem podemos aprender algo, e vice-versa. Pessoas com quem possamos nos divertir, mesmo que não possam ajudar em nossa carreira.

Regra 2: É difícil separar negócios de prazer. Fale pouco de sua vida pessoal em uma reunião de equipe. Se for trocar presentes, faça-o fora da empresa. Se formos maduros o suficiente para distinguir onde um relacionamento pessoal e profissional começa e termina, ele poderá enriquecer nossa vida.

60
Respeite seus limites

A última crise econômica mundial foi um belíssimo susto porque nos acordou e nos chacoalhou para uma realidade: a de que precisamos todos, profissionais das mais variadas idades, áreas e funções, aprender a conviver com novos paradigmas e saber como se reinventar. Nesse cenário de desaceleração econômica, aprendemos a consumir menos e poupar mais, a equilibrar mais a vida pessoal com a profissional e a pensar no trabalho como algo que faz parte da vida – mas não como a própria vida em si.

O que ajuda é que também hoje há uma valorização maior da qualidade de vida, da saúde e do bem-estar. Há um coro geral, não só no Brasil como em outros países, que propaga o trabalho como fonte de prazer, realização e felicidade. Aliás, esse é um conceito moderno, que não existia antes. Não podemos nos esquecer de que o trabalho, desde a Grécia antiga, foi considerado algo "menor", até desprezível. Segundo Aristóteles, a necessidade de trabalhar colocava "as pessoas na mesma posição dos escravos ou dos animais". Por muito tempo, o trabalho se manteve com essa imagem, sinônimo de obrigação desagradável, quase um castigo para garantir a subsistência de todos os dias. Hoje, esse rótulo não só é inadequado e velho, como também negativo. Não há vantagem alguma em ver o trabalho como obrigação (por mais que ele seja necessário e inevitável). Já foi provado em inúmeras pesquisas que quem trabalha com paixão e prazer cresce mais profissionalmente, vive mais e melhor, relaciona-se com seus pares de forma mais harmoniosa e ganha muito mais dinheiro – enfim, vai bem na carreira porque está de bem com ela.

Mas e os limites? Sim, esse conselho diz respeito a eles. Uma das boas coisas que vieram nesse "pacote" que valoriza a qualidade de vida é o respeito aos limites. Cada vez mais empresas realizam programas de saúde e bem-estar (com aulas de ioga, massagens, orientação nutricional, pilates) e mantêm espaços próprios para as pessoas relaxarem durante o expediente. E a maior parte dos profissionais com bom-senso procura intercalar a rotina com pausas saudáveis, seja na academia, no clube ou até na praça perto de casa. Vejo mais empresas com suas próprias academias e outras ainda que têm bicicletários e vestiários para os funcionários ciclistas e corredores. Tudo isso é muito positivo. O profissional inteligente deve saber a hora de sair da frente do computador, dar uma volta pelas redondezas do escritório para arejar e respirar melhor e até voltar um pouco mais cedo para casa. Ele deve estar atento a seus limites. Sinais como mau humor, desânimo, impaciência exacerbada, cansaço crônico, dores no corpo e outros mal-estares não devem ser desprezados. São avisos de que é preciso desacelerar, parar um pouco, cuidar do corpo, da mente – dar um tempo para depois voltar.

Não há líder nem empresa que queiram manter o funcionário grudado na cadeira como castigo ou obrigação. Hoje, o clima de trabalho costuma ser mais amistoso e flexível, o "controle" é menor – espera-se que as pessoas tenham autonomia e responsabilidade – e muito mais importante do que cumprir o horário direitinho é ter vontade de crescer, colaborar com ideias e trazer resultados. Aquela coisa de ficar um tempo a mais no escritório só para impressionar o chefe é uma atitude *démodé* e ineficiente. O chefe está de olho é no profissional ativo e de bem com a vida, que consegue fazer seu melhor durante o expediente. E que se respeita, tem uma história pessoal, família e interesses fora do escritório. Portanto, levar uma vida equilibrada, que inclua atividade física, leituras, lazer, conversas com amigos, viagens e tempo para ficar com a família, entre outros prazeres, é essencial para reduzir o estresse, aumentar o bom humor e até a produtividade.

> **O profissional inteligente deve saber a hora de sair da frente do computador, dar uma volta pelas redondezas do escritório para arejar e respirar melhor e até voltar um pouco mais cedo para a casa.**

61
Tire um sabático

Sua carreira vai bem, obrigado, mas alguma coisa lhe diz que esse não é o caminho certo. Financeiramente, nada lhe falta, mas por que você não está satisfeito? Talvez seja o momento de dar um tempo na rotina profissional e embarcar numa jornada em busca daquele sonho há tempos postergado.

Rever valores, rumos ou mesmo colocar em prática um projeto pessoal tem levado muita gente a adotar o sabático, que nada mais é que uma pausa programada na carreira motivada por um objetivo pessoal – uma viagem turística, um curso de pós-graduação no exterior ou o projeto de escrever um livro.

Esse "afastamento" não é novidade. Para os judeus, o *shabbath* marca o repouso semanal do sábado. Para os professores universitários americanos, representa a folga de um ano, dedicada obrigatoriamente à reciclagem profissional, após seis anos seguidos de trabalho. No universo corporativo, foi incorporado por volta da década de 1960.

Eu nunca tirei um ano sabático, mas sei de quem se beneficiou desse período de férias, lazer ou mesmo de reflexão pessoal. Se bem programada, no momento certo, a interrupção das atividades profissionais pode ajudar você a se conhecer melhor e a identificar talentos e potencialidades.

O que difere o sabático das férias ou das licenças-prêmios é a proposta: o afastamento serve como um período de autoconhecimento e não tem um período certo de duração – depende,

> **Se bem programada, no momento certo, a interrupção das atividades profissionais pode ajudar você a se conhecer melhor e a identificar talentos e potencialidades.**

sobretudo, do projeto de cada um. Em geral, quando usado para fins de renovação de conhecimentos ou aprimoramento de qualificações, encontra menos obstáculos nas negociações com a empresa. Mesmo nas companhias em que a prática é comum, há de se considerar que a formalização desse tipo de programa para todos os funcionários é evitada, tornando a negociação a palavra-chave na hora de solicitar um afastamento para cuidar do bem-estar físico, emocional e profissional.

Vale lembrar que o sabático não deve atender a "caprichos", mas funcionar como um período para produzir mudanças positivas não apenas na carreira, mas na vida como um todo.

62

Saiba que tudo, tudo passa

É dito popular – amparado por Darwin e tantos outros adeptos do evolucionismo, cada qual à sua maneira – que apenas os mais fortes sobrevivem. A lei da selva já é a máxima da cidade há séculos. Entre amigos. Em casa. No trabalho. Somos selecionados – ou não – todo o tempo. Julgados pelas fraquezas e escolhidos pelos méritos. Mas são poucos entre nós que sabem, a fundo, quais os critérios para "estar dentro" ou "estar fora". Sobreviver, visto de perto, não parece nem tão simples nem tão raso.

A tentação é recorrer, quando refletimos sobre o tema no que se refere ao mercado de trabalho, à boa e velha adaptação. Adaptar-se, sob a ótica da genética, é modificar-se na essência. Nas palavras do *Dicionário Houaiss*, é algo adverso: sinônimo de acomodar-se. Ninguém quer ser mutante nem acomodado. A verdade é que a adaptação não é bem o caminho a seguir.

Há alguns anos, escorregou da física para os consultórios de psicologia e, de lá, para a boca do povo – entre cafés no escritório e reuniões de diretoria – que o profissional de hoje precisa mesmo é de resiliência, termo advindo das ciências naturais que significa a capacidade de os materiais resistirem aos choques e retomarem suas propriedades após um esforço intenso.

Não é mais só MBA nem mestrado em Londres que o torna mais apto. Hoje, a resiliência representa a habilidade de um ser humano de sobreviver a um trauma, a resistência às adversidades. Não somente guiada por uma resistência física, mas pela visão positiva de reconstruir sua vida, a despeito de um entorno negativo, do estresse, das restrições sociais. Ser resiliente é ser flexível. O adaptado se perde de si mesmo. O resiliente mantém sua integridade. É sujeito, e não objeto.

Pode-se dizer que é a vitória do caráter. É a tranquilidade da ação daqueles que têm a certeza de que, sim, isso também vai passar.

Mas é importante saber que, embora seja íntima e pessoal, a resiliência não se conquista sozinho. É preciso apoio de um clima organizacional em que a saúde mental das pessoas seja valorizada e que o trabalho sob pressão não seja uma constante, mas a exceção.

E é possível que você seja chamado a ser resiliente mesmo nos momentos em que não há crise. Jovens profissionais precisam educar-se para não ter de chegar ao limite e falhar pela pouca experiência. Assim, se as dificuldades fazem parte da vida, superá-las é o que todos esperam. Parece cruel, mas não há lugar para os desesperançosos no mundo dos negócios. Quando todos enxergam o problema, ilumina-se aquele que vê a solução. Sem perder o tino, o tempo e o foco.

Assim, o ser resiliente não é o ser acomodado, mas é quem sabe que, para sobreviver, é preciso ter força e sabedoria conjugados. Quem reconhece que é o ambiente que vive em estado de mutação e que, se tudo passa, o que tem valor, no fim das contas, é o que fica. Não parado no tempo, mas perene mesmo nas adversidades. Sustentável mesmo que o mundo caia ao redor. Não subjugue suas emoções ao extremo racional. Porque se inteligência é importante, mais ainda é a inteligência aplicada, da forma e na hora em que é requisitada.

> **Ser resiliente é ser flexível. O adaptado se perde de si mesmo. O resiliente mantém sua integridade. É sujeito, e não objeto.**

63
Tire partido do *coaching*

Identificar as competências de seus executivos – inclusive pontos fortes e fracos – e "adaptá-las" às estratégias de negócios é a fórmula de um número crescente de empresas para garantir bons resultados e competitividade. Esse trabalho é conhecido como *coaching*. O recurso já era aplicado nas décadas de 1970 e 1980, porém com foco diferenciado. Ele podia servir tanto como um aconselhamento pessoal e ajuda na preparação de apresentações e discursos quanto como uma consultoria de etiqueta ou moda. Mas a globalização, a competitividade e o perfil mais audacioso e empreendedor dos profissionais foram motivos suficientes para pressionar as empresas a buscarem práticas mais refinadas de gestão do capital humano. Assim, o *coaching* sofreu mudanças, tornando-se ferramenta importante no desenvolvimento de lideranças.

A Mariaca usa bastante o *coaching* para seus clientes. É um processo individual, com foco, e que pretende maximizar os potenciais de liderança dos executivos-chave. No Brasil, contudo, os conceitos ainda se misturam e é comum ferramentas como *mentoring* serem aplicadas com a denominação *coaching*. Apesar de atuarem no desenvolvimento de carreiras profissionais, esses serviços têm particularidades que os diferenciam. O *mentoring* atua como um "serviço" de orientação. É voltado a quem está em início de carreira e não demanda planejamento ou tempo de duração. Outro diferencial é que deve ser conduzido por pessoas da própria organização, os chamados mentores.

Tanto o *coaching* como o *counseling* devem, preferencialmente, contar com o trabalho de especialistas externos. O último tem aplicação clínica, conduzida por terapeutas ou psicólogos, e também envolve aspectos da vida pessoal dos profissionais. Já o *coaching*

> O *coaching* nada mais é que um processo formal e estruturado, com prazos definidos, baseado num contexto empresarial e com foco nos resultados da companhia.

nada mais é que um processo formal e estruturado, com prazos definidos, baseado num contexto *empresarial* e com foco *nos* resultados da companhia. Para isso, são utilizadas ferramentas de avaliação que irão identificar o perfil comportamental e as competências do profissional. A partir de então, será definido um plano de ação, com sugestões de mudanças comportamentais e de estilos gerenciais, que levarão o executivo assessorado a atingir os resultados de negócios esperados pela empresa.

O *coaching* pode ser aplicado em diversas situações, além do desenvolvimento de executivos e equipes, como planejamento de sucessão, gerenciamento de mudança, troca de liderança, integração de novos executivos e até aposentadoria.

64

Seja dono do seu tempo

Nos últimos anos, a queixa mais comum das pessoas tem sido a falta de tempo para concluir projetos profissionais e pessoais. Com a percepção de que os dias estão mais curtos, elas se veem obrigadas a atingir o limite para que pareçam mais responsáveis e úteis. Mas qual é o problema, já que o dia continua com o mesmo número de horas? Provavelmente, o acúmulo de tarefas.

O objetivo profissional de muita gente inclui uma carreira estável, com boa remuneração e constantes desafios. Desse modo, fazer com que um dia renda mais parece missão impossível, já que o mercado exige cada vez mais dos profissionais. No entanto, achar que, quanto mais atividades exercer, mais reconhecimento terá, é uma ilusão, pois não adianta fazer 10 coisas ao mesmo tempo se o resultado final não apresentar boa qualidade.

Nunca foi tão comum encontrar pessoas que levam trabalho para casa, fazem hora extra e abrem mão do fim de semana para fechar um importante negócio. Quando isso ocorre ocasionalmente, não há mal algum, mas se a atitude já se incorporou ao dia a dia algo está errado. Afinal, para que servem as 44 horas semanais previstas pelas leis trabalhistas?

O profissional deve aprender a se concentrar nos resultados, que é o que as empresas querem, e não em se manter ocupado. E, para conseguir alcançar os objetivos e as metas impostas sem que a vida pessoal seja colocada de lado, é preciso um bom e eficiente gerenciamento do tempo, que deve considerar fatores como avaliação do uso do tempo, foco nas prioridades, planejamento do uso efetivo do tempo e distância das distrações.

Definir um foco é imprescindível para conseguir se concentrar nos resultados. Há pessoas que se estressam por desenvolver durante o dia pequenas atividades que não acrescentam qualidade ao trabalho. Uma maneira de evitar esse desperdício de tempo é discutir com o chefe quais são as atividades primordiais para o andamento do departamento, considerando as seguintes questões: "Qual é o objetivo de determinada atividade?", "Quais são as medidas do sucesso?", "O que determina uma boa performance?", "Quais são as prioridades e prazos?", "Quais são os recursos disponíveis?", "Quais são os custos?" e "Como a atividade se relaciona com outros funcionários?".

> **Definir um foco é imprescindível para conseguir se concentrar nos resultados.**

Outro item importante é detectar até que ponto algumas atividades não deveriam ser exercidas por outras pessoas. Mostrar-se cooperativo é importante, o que não significa que os outros devam abusar da boa vontade de um profissional. Saber dizer "não" é uma espécie de lei da sobrevivência no mercado de trabalho. É um dos ingredientes fundamentais para que o sucesso na organização do tempo aconteça. Porque a pessoa que não sabe dizer "não" acaba não sendo dona de sua agenda, de seu tempo. Para dizer "não", você não tem de usar a palavra "não". Verdade. É possível negar em uma afirmação. Você diz: "Sim, posso fazer isso, mas agora preciso me concentrar no meu relatório. Converso com você amanhã, às 15h." Digo isso porque sempre observei que os brasileiros não gostam muito de dizer não. Ao contrário dos alemães e americanos, que falam sem pudores a palavrinha mágica, os executivos brasileiros se sentem mal com a negativa, talvez pela necessidade que têm de agradar e se sentir aceitos. Mas, como já disse algumas linhas atrás, é necessário usar a negativa para organizar sua vida e ser dono do seu tempo. Imagine só uma pessoa que chegou pela manhã ao escritório, tem todo o dia planejado e vê seus minutos e horas escoarem porque não consegue manter os compromissos da agenda. Ela perde tempo com telefonemas inúteis, não se concentra nas prioridades, se perde em assuntos paralelos, atende a quem não deveria atender – e acaba se esquecendo de quem precisava –, torna-se refém dos caprichos de pessoas que surgem na sua frente. No final do dia, está, logicamente, perdida e exausta.

É fundamental localizar as prioridades: o que é urgente, o que é importante, o que é irrelevante. Organizar o tempo é uma atividade essencial para produzir mais e melhor, e sua receita inclui livrar-se de rotinas inúteis, cuidar da saúde e da família, se divertir, ter prazer no trabalho, viver bem. Sábios são os gregos, que há tempos já ensinavam: mente sã, corpo são.

65

Sucesso é consequência

O sucesso não é um simples alvo de chegada. Sucesso é decorrência de várias conquistas e de toda uma trajetória de vida estruturada em valores como determinação, integridade, talento, persistência, iniciativa, ousadia e amor. Sim, é mais do que imprescindível ter amor pelo próprio ofício, pela própria história. Quem só persegue o sucesso e o dinheiro por perseguir não os alcança, e até se consegue um dia esbarrar neles, logo os perde, porque não há verdade nessa conquista.

O sucesso não é para ser perseguido e sim vivenciado – como consequência de uma série de ações. Ações que envolvem trabalho, dedicação, comprometimento, foco, perseverança, sonho... As pessoas bem-sucedidas que eu conheço têm sonhos e vão em busca deles – e dessa empreitada surge naturalmente o sucesso profissional e financeiro. Pautar a vida pelo dinheiro, seja no momento de escolher uma profissão, seja na hora de decidir sobre um negócio ou um emprego, é um grande equívoco.

Quem já não ouviu comentários na adolescência sobre a importância de escolher algumas carreiras que "dão dinheiro"? Esse antigo e pobre conceito continua, infelizmente, a alimentar as cabeças de jovens que buscam o mercado de trabalho. Mas é uma grande balela. Há inúmeros advogados, médicos e engenheiros (profissões que têm a fama de serem bem remuneradas) desempregados ou ganhando pouco em várias funções. Não há garantia de sucesso pela escolha da profissão. Aliás, a vida não oferece garantia. E é isso que a torna tão sedutora, tão interessante.

O que pode levar ao sucesso? O envolvimento e a paixão pelo que se faz, que se traduz em trabalho prazeroso, competência e mente aberta para o novo. Uma pessoa verdadeiramente envolvida com seu trabalho, que enxerga nele um sentido, até uma missão, que sente satisfação nessa labuta diária, acaba sendo, naturalmente, muito boa no que faz. E essa excelência leva ao sucesso.

Em geral, esse tipo de pessoa entrega bem mais do que promete. É o profissional que não fica no "feijão com arroz". Ele produz algo surpreendente e muito especial com os ingredientes que tem à mão. Encanta pela dedicação, pela entrega e pelo comprometimento. Essa postura, ao longo dos anos e de toda uma vida, traz credibilidade, reconhecimento das pessoas, boa reputação, enfim, sucesso e dinheiro. E essa energia positiva (oriunda da satisfação pessoal e da satisfação do mundo externo) realimenta a pessoa em um processo contínuo e evolutivo. A pessoa que ama o que faz vira um farol luminoso, uma referência na vida de outros, um exemplo. Até porque esse profissional bem-sucedido tem uma postura ética, generosa e cooperativa – ele não se preocupa apenas com o próprio umbigo.

> O sucesso não é para ser perseguido e sim vivenciado – como consequência de uma série de ações.

Dois pesos e duas medidas não funcionam. Precisamos ter coerência entre o discurso e a ação, um padrão de conduta único, que denote integridade: tratar os outros como a nós mesmos, desejar aos outros o que desejamos para nós. O empresário que tem um restaurante onde seus filhos são impedidos de comer (porque a comida é ruim) ou uma escola onde eles também não querem estudar representa a antítese desse sucesso que eu prezo. O sucesso da ética.

O meu sonho é que o Brasil possa crescer de forma equitativa. Um dos campeões em desigualdade da distribuição de renda – estamos em 75º lugar no ranking do IDH (Índice de Desenvolvimento Humano) – o Brasil só vai melhorar quando tiver seu bolo repartido de forma mais justa e humana. E, para que isso aconteça, os líderes que não têm nossa confiança e respeito devem ser trocados. Como prosseguir ainda mais algumas décadas com políticos que dizem uma coisa e fazem outra? Que não têm compromisso com a verdade? Mahatma Gandhi, um dos maiores exemplos de liderança da humanidade, já mostrava que ter um código universal de conduta é essencial para o bem-estar da sociedade, que, afinal, é toda, toda interligada. Todos se interdependem e se inter-relacionam nesse mosaico vivo, sensível e pulsante. Os verdadeiros líderes sabem disso e pensam nesse todo. São eles que fazem o verdadeiro sucesso, o que realmente vale a pena. E este sucesso é consequência de uma história bacana e inspiradora, que todo mundo pode e deve construir.

Acreditamos que sua resposta nos ajuda a aperfeiçoar continuamente nosso trabalho para atendê-lo(la) melhor e aos outros leitores.
Por favor, preencha o formulário abaixo e envie pelos correios.
Agradecemos sua colaboração.

Seu Nome: _____

Sexo: ☐ Feminino ☐ Masculino   CPF: _____

Endereço: _____

E-mail: _____

Curso ou Profissão: _____

Ano/Período em que estuda: _____

Livro adquirido e autor: _____

Como ficou conhecendo este livro?

☐ Mala direta   ☐ E-mail da Elsevier
☐ Recomendação de amigo   ☐ Anúncio (onde?) _____
☐ Recomendação de seu professor?
☐ Site (qual?) _____   ☐ Resenha jornal ou revista
☐ Evento (qual?) _____   ☐ Outro (qual?) _____

Onde costuma comprar livros?

☐ Internet (qual site?) _____
☐ Livrarias ☐ Feiras e eventos ☐ Mala direta

☐ Quero receber informações e ofertas especiais sobre livros da Elsevier e Parceiros

---

Cartão Resposta
050120048-7/2003-DR/RJ
Elsevier Editora Ltda
·······CORREIOS······

SAC ELSEVIER | 0800 026 53 40 | sac@elsevier.com.br

CARTÃO RESPOSTA
Não é necessário selar

O SELO SERÁ PAGO POR
Elsevier Editora Ltda

20299-999 - Rio de Janeiro - RJ

Qual(is) o(s) conteúdo(s) de seu interesse?

Jurídico - ☐ Livros Profissionais ☐ Livros Universitários ☐ OAB ☐ Teoria Geral e Filosofia do Direito

Educação & Referência - ☐ Comportamento ☐ Desenvolvimento Sustentável ☐ Dicionários e Enciclopédias ☐ Divulgação Científica ☐ Educação Familiar ☐ Finanças Pessoais ☐ Idiomas ☐ Interesse Geral ☐ Motivação ☐ Qualidade de Vida ☐ Sociedade e Política

Negócios - ☐ Administração/Gestão Empresarial ☐ Biografias ☐ Carreira e Liderança Empresariais ☐ E-Business ☐ Estratégia ☐ Light Business ☐ Marketing/Vendas ☐ RH/Gestão de Pessoas ☐ Tecnologia

Concursos - ☐ Administração Pública e Orçamento ☐ Ciências ☐ Contabilidade ☐ Dicas e Técnicas de Estudo ☐ Informática ☐ Jurídico Exatas ☐ Língua Estrangeira ☐ Língua Portuguesa ☐ Outros

Universitário - ☐ Administração ☐ Ciências Políticas ☐ Computação ☐ Comunicação ☐ Economia ☐ Engenharia ☐ Estatística ☐ Finanças ☐ Física ☐ História ☐ Psicologia ☐ Relações Internacionais ☐ Turismo

Áreas da Saúde - ☐ Anestesia ☐ Bioética ☐ Cardiologia ☐ Ciências Básicas ☐ Cirurgia ☐ Cirurgia Plástica ☐ Cirurgia Vascular e Endovascular ☐ Dermatologia ☐ Ecocardiologia ☐ Eletrocardiologia ☐ Emergência ☐ Enfermagem ☐ Fisioterapia ☐ Genética Médica ☐ Ginecologia e Obstetrícia ☐ Imunologia Clínica ☐ Medicina Baseada em Evidências ☐ Neurologia ☐ Odontologia ☐ Oftalmologia ☐ Ortopedia ☐ Pediatria ☐ Radiologia ☐ Terapia Intensiva ☐ Urologia ☐ Veterinária

Outras Áreas - _____

Tem algum comentário sobre este livro que deseja compartilhar conosco? _____

* A informação que você está fornecendo será usada apenas pela Elsevier e não será vendida, alugada ou distribuída por terceiros sem permissão preliminar.
* Para obter mais informação sobre nossos catálogos o livros por favor acesse **www.elsevier.com.br** ou ligue para **0800 026 53 40**.